中华先锋人物
故事汇

任正非
烧不死的鸟是凤凰

REN ZHENGFEI
SHAO BU SI DE NIAO SHI FENGHUANG

徐鲁 著

党建读物出版社　接力出版社
Publishing House

图书在版编目（CIP）数据

任正非：烧不死的鸟是凤凰 / 徐鲁著. -- 南宁：接力出版社；北京：党建读物出版社，2024.8. （中华人物故事汇）. -- ISBN 978-7-5448-8634-5

Ⅰ．I247.5

中国国家版本馆CIP数据核字第202486VF35号

任正非——烧不死的鸟是凤凰
徐　鲁　著

责任编辑：朱晓颖　马　力
责任校对：范　悦　高　雅　阮　萍
装帧设计：严　冬　　美术编辑：高春雷
出版发行：党建读物出版社　接力出版社
地　　址：北京市西城区西长安街80号东楼（邮编：100815）
　　　　　广西南宁市园湖南路9号（邮编：530022）
网　　址：http://www.djcb71.com　　http://www.jielibj.com
电　　话：010-65547970/7621
经　　销：新华书店
印　　刷：北京科信印刷有限公司
2024年8月第1版　　2024年8月第1次印刷
787毫米×1092毫米　32开本　　6印张　　96千字
印数：00 001—10 000册　　定价：28.00元

版权所有　侵权必究

质量服务承诺：如发现缺页、错页、倒装等印装质量问题，可直接联系本社调换。
服务电话：010-65545440

目 录

写给小读者的话 …………… 1

弯弯的山道 ……………… 1
听过的故事 ……………… 5
清正的家风 ……………… 11
第四高度 ………………… 15
少年识尽愁滋味 ………… 21
挺拔的青竹 ……………… 27
寒门灶火 ………………… 31
大学新生 ………………… 39
爸爸的皮鞋 ……………… 45
工程兵战士 ……………… 53
淬炼成钢 ………………… 57

科学的春天 · · · · · · · · · · · · · 63

永远的荣耀 · · · · · · · · · · · · · 69

艰难的选择 · · · · · · · · · · · · · 75

创立华为 · · · · · · · · · · · · · · · · 79

进入激战阵地 · · · · · · · · · · · 89

昂扬的战马 · · · · · · · · · · · · · 97

百折不挠 · · · · · · · · · · · · · · · 105

谁是华为的英雄 · · · · · · · · 113

父爱无声 · · · · · · · · · · · · · · · 119

谁言寸草心 · · · · · · · · · · · · 127

打不垮的"上甘岭" · · · · · · 133

突破重围 · · · · · · · · · · · · · · · 141

科技强国梦 · · · · · · · · · · · · 151

大梦想与小故事 · · · · · · · · 159

高亢的战歌 · · · · · · · · · · · · 165

轻舟已过万重山 · · · · · · · · 171

写给小读者的话

六十多年前,一个小小的少年,每天都会急匆匆地行走在贵州山区弯弯的山道上。这是他每天上学的小路。

阳光煦暖、安安静静的清晨,走在色彩斑斓的山路上,小小少年甚至有点流连忘返。这时候的他,正像爸爸曾给他讲过的老家浦江民间传说里那个穷孩子小马良那样,也在渴望着有一天能够得到一支"神笔",不仅能描画出他眼前最美的景色,还能把自己梦想中的一切变成现实……

上初中的时候,平时总是省吃俭用的妈妈,给他买回来一本翻译自苏联的小说——《古丽雅的道路》。少年把书捧在手上,好像捧着一个珍贵的、闪闪发光的宝瓶。这是他期盼已久的一本书。除了"古丽雅的道路",这本书还有一个书名,就是封面上用括号括起来的四个字——"第四高度"。

在那个寒冷的冬夜里,少年捧着这本书如饥似渴地阅读起来。读完了全书的故事,少年才恍然大悟,原来,书中所说的"第四高度",指的是一个真正的革命者,一生中应该达到四个"高度",前三个是入队、入团、入党,还有"第四高度",就是为祖国建立功勋!

"哦,第四高度,第四高度……"有好多个夜晚,捧着妈妈给他买回来的这本新书,少年喃喃地念叨着,好像也在心里问着自己:你能做到吗?你也能攀登上古丽雅所抵达的精神高度吗?

这个少年后来考上了大学,毕业后又参军入伍,成为一名光荣的中国人民解放军基本建设工程兵部队的军人。从部队转业后,正当国家进入改革开放新时期,他怀揣着梦想,来到年轻的南方城市深圳,几年后创办了一家小小的电子公司,取名为"华为"……

这个人，就是今天在中国和世界信息与通信技术领域赫赫有名的企业家、华为公司创始人——任正非。

一九八七年，任正非四十三岁。这年十月，他在深圳的南油新村找到了一处破旧的、看上去有些荒僻、价格比较低廉的厂房，决定在这里"安营扎寨"。他想象着，这里将成为他未来征途的起点。

他邀约并动员了五位同伴，一起凑出了两万一千元的创业资金，创办了一家小公司。

当时，公司确实够小的，人员、资金、厂房都有点拿不出手。去工商部门登记注册那天，他连公司的名字都没有想好。正在踌躇不定的时候，他偶然间一抬头，无意中看到墙壁上有一条宣传标语，上面有"中华有为"四个大字。"名字有了，就叫'华为'吧。"他轻轻念了一遍，"华为，华为，中华有为。"

这时候，他根本不会想到，这个名字里，蕴含着一种令人惊叹的"预见性"——许多年后，"华为"二字，竟然真的成了"中华有为"的一个象征性符号；以"华为"命名的公司，也成为让全世界瞩目，甚至直接影响着全球通信领域的科技企业。

曾有人这样概括和评价华为：

一位七十多岁、将近八十岁的商业思想家，十多位四十出头的企业战略家，几千名三四十岁的中高层管理者，率领着十几万名以中高级青年知识分子为主体的智慧型劳动军团，孤独而又勇敢地行走在世界的各个角落……

这支智慧型劳动军团的"灵魂人物"，当然就是任正非了。

除了"华为创始人""商业思想家""企业战略家"这些称谓，在世人眼里，任正非还被人们贴上了诸如"永不言败的中国男儿""苦难造就的时代英雄""永不屈服的硬汉企业家"等等包含崇敬意味的标签。他曾说：烧不死的鸟就是凤凰。他还说：将军是打出来的……死了就是英雄，不死就是将军！

那么，任正非在八十年的人生道路上，都经历过什么样的艰难和困苦？他是怎样从"战士"变成

"将军"的?从少年时代起就铭刻在他心中的那个"第四高度",他达到了吗?还有,他亲手创办的华为,三十多年一路走来,到底有哪些"成功密码"呢?为什么他讲话的时候总爱提到上甘岭,华为的"上甘岭"到底是什么呢?

  亲爱的小读者,请跟我来,让我们从六十多年前,少年任正非行走在弯弯山道上那些求学的日子讲起……

弯弯的山道

深秋时节,弯弯的山道两边,所有的草木都被晒染得金黄或通红。榛树、枫树、柞树、野樱树、野板栗树、野柿子树,还有各种叫不出名字的矮小灌木的叶子,都在秋阳下变成了透明的琥珀色、深红色和金黄色。那些丛生而多棘的野酸枣树上,结满了通红的、玛瑙一般的酸枣;那些被阳光晒得干透的芒草和芦苇,在风中默默吹奏着自己的歌,好像在用不折不从的风骨,向秋天宣告着生命的坚忍与顽强。

一个小小的少年,正急匆匆地行走在弯弯的山道上。

这是他每天上学的小路。在阳光煦暖、安安

静静的清晨,走在色彩斑斓的山路上,小小少年甚至有点流连忘返,去路边的石堰下采摘酸枣的时候,有时还会惊飞一些惬意地躺在阳光下,正摊开翅膀晒羽毛的小山鹑……

这个少年,就是小时候的任正非。

一九四四年十月二十五日,任正非出生在贵州省镇宁县一个贫穷的小山村里。

这个小村离贵州的风景胜地黄果树瀑布不远,但在那个兵荒马乱的年月里,生活在山区的人们,每日都在为生计而艰难挣扎,哪里有什么闲情逸致去欣赏美丽的山川风景?所以,小时候的任正非和当时镇宁的许多小伙伴一样,对家乡的黄果树瀑布也没有太多的印象。

任正非出生这天,正是农历九月初九重阳节。九月初九正值金秋,秋风送爽,艳阳高照,草木尽染。重阳节是中国的一个重要的传统节日,古时候这天,人们有佩插茱萸、饮菊花酒、登高望远等习俗。

任正非的爸爸名叫任木生,字摩逊,是一名山区中学老师。任正非后来回忆说,爸爸尽职尽责一生，可以说是一个乡村教育家。任正非的妈妈名叫程远昭，是一名数学老师。

任正非兄妹共有七人。七个孩子，全要靠爸爸、妈妈那点微薄的薪水来养活，这一家人的日子有多么拮据和清贫就可想而知了。

任正非的祖籍是浙江省浦江县。浦江县位于浙江省中部，离金华不远（浦江县今属于金华市），金华火腿闻名遐迩。

任正非很小的时候就听爸爸讲过，他们祖上所在的村子叫任店村，属于浦江县黄宅镇。任正非的曾祖父叫任兆源，是当地有名的火腿生产商，他创立了火腿品牌"任三和"，很受欢迎，远销海内外。

任正非的爷爷任承柄子承父业。到了任摩逊这一代，任承柄原想把做火腿的手艺传给儿子，但任摩逊当时已是一名觉悟的少年，他懂得了"读书强国""读书传家"的道理，不想把自己的一辈子系在一根根金华火腿上。他说服了父亲，让父亲出钱供自己去外地读书。这样，任摩逊就成了从小小的任店村走出去的第一名大学生。

任正非的童年时代是在贵州山区度过的。为了上学，小小的少年几乎每天都要翻山越岭，奔走在弯弯的、崎岖的山道上。虽然是在艰苦的年月，甚至经常处在饥饿与寒冷中，但是，一颗敏感的少年的心，仍然在满怀好奇地感知着周围的一切。

听过的故事

在任正非的祖籍浙江省浦江县，没有哪个孩子不知道"神笔马良"这个民间故事。任正非和弟弟妹妹们很小的时候，就听爸爸、妈妈讲过这个故事。

"爸爸，后来，小马良去了哪里？是在爷爷的老家浦江呢，还是从人间消失了？"听完小马良的故事，任正非问爸爸。

"天下穷苦人多着呢！单靠着小马良的一支画笔，也忙不过来啊！"爸爸告诉任正非，"像马良这样善良、无私的孩子，是不可能无声无息地从人间消失的。非非呀，你要记着，只要是乐于奉献、肯真心帮助他人的人，人们是永远也不会忘记的，每个人的心里都会装着他、记着他的。所以，你要是问，小马良到底去了哪里？其实，小马良永远'活'在一代代人的传颂和怀念里，'活'在善良的乡亲们的感激和尊敬里……"

少年任正非把爸爸的话牢牢地记在了心上。

除了小马良的故事，少年任正非还听妈妈讲过爸爸青年时代的故事。

任正非的爸爸任摩逊在北京（当时还叫北平）上大学期间，正值九一八事变爆发，中国人民的抗日战争拉开了序幕。

当时整个中国，正在进行着和平与战争、光明与黑暗的大搏斗。满腔热血的任摩逊组织了校友会，积极投身于北平的抗日救亡运动，他还加入了共青团，并且参加了中国共产党领导的秘密革命活动。

兵荒马乱的年月里，任摩逊在老家浦江的双亲——也就是任正非的爷爷和奶奶，相继去世。任摩逊只好匆匆离开校园，回老家为亲人料理后事，最后留在老家找工作。

然而，浦江也不是世外桃源。任摩逊虽然在大学里学的是经济学，但作为一名进步青年，他的志向不在"经济"。他无心留在老家，继续经营上一辈留下的火腿生意。一九三四年到一九三六年间，他怀揣着教书育人的理想，先后在浙江定海水产职业学校、南京农业职业中学当老师。

一九三七年，七七事变后，日本发动了全面侵华战争，江浙一带局势动荡。这时，任摩逊在广州的一位浙江同乡会的朋友，正在一家国民党军工厂当厂长。他介绍任摩逊到了广州，在这家工厂里当了一名会计。在工厂里，任摩逊仍然和上大学的时候一样活跃，他响应共产党的号召，积极宣传抗日，还组织了爱国青年的读书会。

一九三八年，战局进一步恶化，任摩逊所在的军工厂，先是搬迁到了广西融水，后来又搬迁到了贵州桐梓。

任摩逊对国民党反动独裁统治素无好感，心里一直拥护和向往共产党领导的人民解放事业。在融水时，他与几个志同道合的朋友一起，利用业余时间，开办了一家门面很小的书店。

书店里经常可以看到最新出版的一些进步作家

的作品，还有宣传抗战救国、反对投降主义、鼓舞全民抗战斗志的进步书刊。徜徉在这样的"书山"中，几个年轻人觉得就像在呼吸着新鲜的空气，接受着阳光的照耀，听从着真理的召唤一样。

任摩逊还和朋友们一起组织了一个"七七读书会"。取名"七七"，就是为了不忘国耻，铭记日本侵略者发动全面侵华战争的七七事变。后来，这个"七七读书会"中有好多人都奔向了光明的道路，投入到共产党领导的革命队伍里，有的人在新中国诞生后，还成为党和国家的高级干部。

然而，当时的国民党政府以及地方军阀对任何进步思想都控制得十分严格，禁止传播和交流一些进步书刊，如有违反，可能还会遭到迫害。

毫无疑问，像任摩逊这样的进步青年，在国民党的军工厂里是无法长久待下去的。于是，一九四四年初，他瞅准时机，申请转到地方干自己之前的工作——教书。

这期间，任摩逊认识了一位名叫程远昭的女孩。程远昭的老家在贵州一个偏僻、闭塞且贫困的山区小县城——镇宁。任摩逊跟随她回到老家，算是找到了一个落脚的地方。

两个在离乱中相识的年轻人，就像两只在风雨中淋湿了翅膀而互相取暖的小鸟，也像两只在陌生的河流上相遇的飘摇的小船，他们心心相印、相亲相爱，很快就结合到了一起。

像燕子衔泥一样，两个人一点儿一点儿地衔来泥土、草茎和细枝，筑起了小小的，却能抵挡风雨侵袭的小巢。不久，他们的第一个孩子任正非，就在这兵荒马乱的年月里出生了……

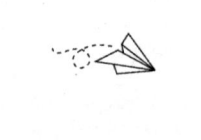

清正的家风

任正非出生后的第二年，一九四五年八月十五日，日本侵略者宣布无条件投降，漫长的抗日战争结束了。

这一年，是中国人民抗日战争的胜利之年，也是世界人民反法西斯战争的胜利之年。所有热爱和平与幸福生活的人们，都在期盼着尽快走出战争的阴霾，早日过上安宁太平的日子。

从一九四四年到一九四九年贵州解放前，任摩逊辗转于贵州多所学校，依靠教书养家糊口。

一九四九年，任摩逊报名参加了土改工作队，跟随中国人民解放军剿匪部队一起回到镇宁，参与创办了镇宁县民族中学，并担任校长。

任正非的妈妈程远昭是一名高中毕业生。在那个年代，一个山区的女子能够读完高中，已经相当不容易了，但她并不满足于自己的现状，凭着勤奋，坚持自学，提升自己的知识水平。所以，在丈夫辗转贵州各地教书的日子里，程远昭也成了一名数学教师。

任正非和他众多的弟弟妹妹，就是在这个清苦而又书香怡人的教师之家里成长起来的。

二〇〇一年二月，五十七岁的任正非，回忆起自己和弟弟妹妹们在父母亲身边度过的童年时代，心里充满了伤感、思念和感恩之情，含着泪水写下了一篇上万字的回忆文章《我的父亲母亲》。

这篇文章在后来二十多年间，一直在社会各界中传播着，感动过无数的读者。

"妈妈其实只有高中文化，她要陪伴父亲，忍受各种屈辱，成为父亲的挡风墙；又要照顾我们兄妹七人，放下粉笔就要和煤球、买菜、做饭、洗衣……又要自修文化，完成自己的教学任务，她最后被评为中学的高级教师。

"我们兄妹七个，加上父母共九人，全靠父母微薄的工资来生活，毫无其他来源。本来生活就十分困难，儿女一天天在长大，衣服一天天在变短，而且都要读书，开支很大……

"与勉强可以用工资来解决基本生活的家庭相比，我家的困难就更大。我经常看到妈妈月底就到处向人借三五元钱度饥荒，而且常常走了几家都未必能借到。"

从任正非回忆的童年点滴往事中，可以真切地看到，一种在艰辛和贫苦中形成的清正、节俭、无私奉献和自强不息的好家风，对任正非和他弟弟妹妹的成长所产生的积极影响。

有人说，家庭是孩子的第一所学校；也有人说，一位好父亲、好母亲，胜过一百位好老师。

在任正非的记忆里，父母亲就是他最好的老师。他从父母亲那里，学到了人生的第一课。

所以，他在《我的父亲母亲》这篇文章的结尾，满怀愧痛地写道："回顾我自己已走过的历史，扪心自问，我一生无愧于祖国、无愧于人民、无愧于事业与员工、无愧于朋友，唯一有愧的是对不起父母，没条件时没有照顾他们，有条件时也没有照顾他们……"

第四高度

再苦再难的日子里,也不是没有欢乐和希望的。或许是作为教师的缘故,在任正非的父母亲看来,邻居家的饭菜香固然令人羡慕,但还有比"饭菜香"更值得拥有和一辈子享用的东西,那就是"书香",是知识的芬芳。

所以,无论日子过得多么捉襟见肘,任正非的父母亲都有一个共同的想法:一定要让孩子们上学读书!

当时,不少生活困难的家庭,为了一家人的温饱,孩子稍一长大,甚至还没有读完中学,就匆匆辍学,早早地去打零工挣钱养家了。这种现象,在任正非父母的身边并不少见。作为教师,他们不免痛心，却也无能为力。

他们唯一能做到的，就是坚持让自己的七个孩子都要上学念书。哪怕生活再拮据，恨不能把一分钱掰成两半用，也不能误了孩子们上学念书。在任正非的记忆中，每逢要交学费时，妈妈就会为学费发愁，甚至四处求人借钱。

是呀，兄妹七个，都处在长身体的时候，别说每个人的学费了，就是七张每天都处在饥饿中的小嘴张开，也够收入微薄的父母亲忧愁的了！但就是在这样的境况下，少年任正非和他的弟弟妹妹们，都没有耽误各自的学业，而且受到父母亲言传身教、润物无声的影响，从小都养成了"敬惜字纸"、喜欢阅读的好习惯。

对于生长在那个年代贫困山区里的少年任正非来说，每一本书都是稀罕和宝贵的。一个村庄或学校里，如果谁家里能有三五本书或一摞旧杂志什么的，那就是他心目中的"书香人家"了。他恨不得天天往人家家里跑，不为别的，只为了能借到一两本书看。

因为家庭贫困，任正非小时候仅有的兴趣爱好就是看书、做作业，条件允许的话，他还会用一些报纸的边边角角来解解方程。

这一切妈妈都看在眼里，她有时会"狠狠心"，从全家人的生活费里匀出一点点钱，给孩子们买回一两本新书来，让任正非兄妹几个轮流阅读。

在一个冬天的傍晚，妈妈从外面回来，满脸喜悦地打开书包，从里面拿出了一本崭新的书，书的封面上有一面鲜红的旗子。

"给，非非，这是你一直想要看的一本书。"

"哇，《古丽雅的道路》！"

任正非惊喜不已，赶紧在衣角上擦擦手，双手接过了新书。

一本多么漂亮、厚实的新书啊！

任正非把书捧在手上，好像捧着一个珍贵的、闪闪发光的宝瓶一样。

这本书，他真是期盼好久了！有一次，他在小镇上的供销社里，看到柜台上摆着这本书，但他明白，这本书并不便宜，他要是跟爸爸妈妈提出来想买这本书，一定会让爸爸妈妈为难的。所以，他忍着内心的渴望，一直没有对爸爸妈妈说出口，只是每次经过供销社，都会特意走进去，觉得哪怕多看几眼都是好的。

儿子的心事，终究逃不过细心的妈妈的眼睛。

一向节俭持家的妈妈，最终还是把这本书给儿子买回了家。

"非非，这本书值得你们好好地读哟！妈妈已经先'读'为快了。"妈妈指着书的封面说，"你看，这本书除了'古丽雅的道路'这个书名，还有一个书名，就是用括号括起来的这四个字——'第四高度'。"

"第四高度？妈妈，什么是第四高度呢？"

"非非，妈妈先不告诉你，你自己读了就知道了。"

在这个寒冷的冬夜里，少年任正非就像一个饥饿的人看见了面包一样，捧着这本书如饥似渴地阅读起来，恨不能一口气把全书读完……

外面正刮着凛冽的寒风，但沉浸在书本里的少年，丝毫没有感觉到冬夜的寒冷。恰恰相反，他的眼前，他的心里，好像燃起了一堆温暖的、光明的、噼啪作响的篝火……

这团光明的火光，来自书中主人公古丽雅高尚的思想境界……

《古丽雅的道路》是二十世纪五十年代初期在我国翻译出版的一本非常有名的小说，作者是苏联女作家伊琳娜，翻译者是我国儿童文学家任溶溶。

古丽雅性格活泼、开朗，童年时就是儿童剧院里的一个多才多艺的小演员。她在家长、老师和社会的教育引导下，通过日常生活中的一件件小事，不断磨炼自己的意志，克服了种种缺点，逐步成长为一位热爱祖国、富有理想、关心他人、坚韧果断的优秀青年。因为不断进步，她出色地跨越了人生的第一个高度，达到了第二个高度，从一名少先队员，成长为光荣的青年团员。

苏联卫国战争爆发时，古丽雅已是一位年轻的母亲了。为了保卫祖国，她奔赴战场，从事战地救护工作。在枪林弹雨的阵地上，古丽雅经受住了最严峻的考验，加入了共产党，成为一名光荣的布尔什维克，达到了自己人生的第三个高度。

不久，震惊世界的斯大林格勒保卫战开始了。为了夺回被德寇占领的高地，古丽雅奋不顾身，勇往直前，在战斗中献出了自己宝贵的生命。她用自己壮烈的献身精神，再次抵达了一个更高的人生高度——为了祖国，不惜献出宝贵的生命！

读完了全书的故事，任正非才恍然大悟，原来，书中的"第四高度"，说的是一个真正的革命者，一生中应该达到四个"高度"，前三个"高度"是入队、入团、入党，而"第四高度"，就是为祖国建立功勋！

任正非把自己的感想讲给了爸爸、妈妈听。

妈妈笑着说："你总结得没错，'第四高度'，就是除了入队、入团、入党，还要为自己的国家建立功勋！古丽雅为她的祖国英勇献身的壮举，正是她所达到的最高的精神高度。"

"哦，第四高度，第四高度……"

捧着妈妈给他买回来的这本新书，任正非喃喃地念叨着，好像正在心里问着自己——

你，能做到吗？能做到吗？

你，也能攀登上古丽雅所抵达的精神高度吗？

寒夜里的书香，温暖着一颗跃跃欲试的少年的心……

少年识尽愁滋味

在《我的父亲母亲》那篇回忆文章里，任正非不无苦涩地写到了一个细节：自己在少年时期，"并无远大的理想"，读高中时，心里一度在盼望着的，是什么时候"能吃一个白面馒头"。

说自己少年时"并无远大的理想"，当然是他成年后的一种自谦；"能吃一个白面馒头"，倒是这个贫困的少年当时最真实的期盼。

有道是"艰难困苦，玉汝于成"。少年任正非因为是家中众多孩子中的老大，穷人的孩子早当家，所以，他是一个早熟的，从很小的时候起就有所担当，懂得替爸爸妈妈分担忧愁和艰辛的孩子。

"非非啊，无论什么时候你都要记住：知识就是力量！别人不学，你要学，不要随大流。"

这是任正非在少年时代，从爸爸、妈妈口中时常听到的叮嘱。

所以，小小年纪的任正非在学习上十分刻苦用功。"知识就是力量"，这句格言成了他少年时代的座右铭。

喜欢读书、热爱学习的好习惯的养成，当然离不开父母亲对知识的重视，在生活中对孩子们的引导。读初中时，学校还曾把任正非当作因材施教的一个典型，表扬妈妈程远昭对孩子们教育有方。

然而，从一九五九年开始，我们国家的经济遭遇严重困难。西南山区原本就是比较落后和贫困的地区，严重的饥荒自然也在这里蔓延。饥饿的阴影，笼罩着家家户户，也时刻伴随着任正非一家人。

因为任家人口众多，任正非兄妹七个又都处在长身体的时期，尤其是任正非，一个像拔节的小麦一样正在长个头儿的中学生，这时候，几乎每天，他都觉得自己被一种强大的饥饿感包围着。

爸爸工作繁忙，孩子们每天的温饱，几乎全要靠妈妈操心。任正非作为众多孩子中的大哥，知道心疼妈妈了，经常也会跟着妈妈上山、下地，去寻找能够下咽和充饥的东西。

所以在那几年里，少年任正非像许多生活在山区的孩子一样，也亲口尝过、吃过并且认识了不少来自山野的，可以用来充饥的野菜、野果，甚至昆虫。

比如秋天里，他跟妈妈一起，上山采过一些名叫"红刺果"的野果。现在，这种植物一般都是用来绿化园林的。妈妈还教过他怎样辨识蕨菜。成熟的蕨菜根可以磨成浆，煮熟了可以充饥；还有一种名叫"青杠子"的植物，茎和根晒干了，也可磨成粉，和野菜一起蒸熟了吃。

有一次，小妹妹从田地边采摘回了一些蓖麻子。当时任正非也不认识蓖麻子，还以为是黄豆、花生之类的果实，就在锅里炒了一下，让饿得难受的弟弟妹妹吃了。哪知道，蓖麻子是不能吃的，一吃就会拉肚子。幸亏妈妈及时发现了，把没有吃完的蓖麻子都埋在屋后的南瓜根下，做了肥料。

当时，妈妈在屋后的一块荒地上种了好多南

瓜，每根南瓜藤上都能结出两三个大南瓜。秋天里，成熟的南瓜成了全家人美味的口粮。

为了能让孩子们填饱肚子，妈妈也真是煞费苦心啊！有一阵子，妈妈听说，美人蕉的根可以像魔芋的块茎一样煮熟了吃，于是妈妈便带着任正非去山上挖了不少美人蕉的根。

不过，上次孩子们吃了蓖麻子拉肚子的事，还让妈妈心有余悸，所以，美人蕉的根煮熟了后，妈妈担心孩子们中毒，就只准每人先尝一点点，妈妈自己也尝了一点儿。等过了一阵，确认大家都没有事，妈妈这才放心让孩子们吃。

所以，任正非的记忆里，保存着这样又苦涩、又温馨的一幕：每天晚上大家围着火炉，等着母亲煮一大锅美人蕉的根或南瓜来充饥。虽然日子过得非常清贫，但一家人亲情怡怡，和和睦睦，对未来的日子仍然充满乐观的期待。

艰辛的生活、贫困的日子，让少年任正非首先尝到的是饥饿的滋味，是生存和忧愁的滋味。这，或许也正如中国古代先哲孟子所说的："天将降大任于是人也，必先苦其心志，劳其筋骨，饿其体肤，空乏其身……"

在那个年代，任正非一家人的首要任务是"活下来"。因此，父母亲规定，家里每餐饭都实行严格的"分饭制"，控制所有人欲望的"配给制"，尽管每个人都不能吃饱，却保证了人人都能活下来。

对于父母亲的任劳任怨、无私奉献，任正非回忆道："他们完全可以偷偷地多吃几口，可他们谁也没有这么做。爸爸有时还有机会参加会议，适当改善一下伙食。而妈妈那么卑微，不仅要同别人一样工作，而且还要负担七个孩子的培养、生活。煮饭、洗衣、修煤灶……什么都干，消耗那么大，自己却从不多吃一口。"

父母亲的美德，对任正非后来的价值观和人生轨迹产生了巨大的影响，他谦虚地说："我的不自私，也是从父母身上学到的，华为今天这么成功，与我不自私有一点儿关系。"

挺拔的青竹

云贵高原地处祖国西南，夏无酷暑，冬无严寒，温度适宜，十分适合各类竹子的生长。贵州山区的竹子品种，以高大的毛竹居多，此外还有斑竹、紫竹、凤尾竹和水竹等。中国盛产的各种竹子，在贵州山区几乎都能见到。所以，贵州有不少山陵地区都号称"竹乡"或"竹海"。

转眼间，任正非已经成为一名高中生了。

风华正茂的少年，就如同迎着春雨脱去笋衣、身上还带着新鲜粉霜的新竹，正向着天空拔节生长，伸展着自己年轻的枝叶……

任正非就读的高中是贵州省都匀一中。都匀是一座历史悠久的古城，都匀一中也是一所百年老校，校址位于都匀城区最高峰——青翠的东山西麓。

说起任正非的这所母校，那可真有点"历史沧桑感"了，素有"钟灵毓秀五百年"的美誉，可见其文化底蕴的深厚。

该校的办学渊源，可追溯到四百多年前明朝时创立的鹤楼书院和南皋书院。一九〇五年，当时的都匀知府在明代鹤楼书院的旧址上，创办了一所都匀府官立中学堂，并聘请当地一位名叫欧阳朝相的举人担任该校首任校长。可惜的是，这所中学堂创办还不到一年，就因故停办了。一九一三年，该校恢复办学。从这时起，这所学校的名称一再更改，先后叫过都匀府八属中学校、都匀十县合立中学校、贵州省第一联合县立中学校、贵州省立第五中学、贵州省立都匀中学等。

新中国成立后，这所名校也获得了新生，得到了更大的发展。一九五八年，即任正非十四岁那年，这所学校正式定名为都匀第一中学，并沿用至今。

都匀一中的校训是立志、崇实、担当。任正非被都匀一中推选为该校杰出校友之一。在他的身上，也充分体现了"立志、崇实、担当"这六个字。

二十世纪五十年代末、六十年代初的那一代中学生,都打心眼儿里尊敬劳动阶级,热爱劳动,热爱集体,并且经常自觉地参加学校组织的集体劳动。少年们从一次次劳动中,亲身体验和领会到了"实践出真知""劳动最光荣""劳动创造幸福"等人生道理。

课余时间,学校经常组织同学们上山劳动。有时,他们是在收获之后的田地里捡拾麦穗、花生、豆子;有时,他们是上山采集野果,挖取各种药材块根;有时,他们还到山上的竹林里,帮着附近的山民拖毛竹。

贵州的竹子多,山民们就地取材,能制作出各种竹器。小的竹器如竹瓶、竹筷、竹扇、竹帘、竹几、竹杖、竹纸、竹笔杆、竹笔筒,大的竹器如竹椅、竹床、竹席和竹毯,还有山民们头上的竹笠、肩上的扁担、手上的提篮,建筑工地上的竹板、脚手架,江河上的竹排,农家的屋舍……处处都能见到竹子的奉献。

少年任正非最喜欢到竹林里去帮人拖毛竹。一进入竹林,只见漫山遍野,涌绿叠翠,竹子中,有的高擎新梢，有的半含旧箨，有的修长似箭，有的粗硕如桩。山风吹过，整个竹海波澜起伏、萧萧声起，真是壮观！

每年的清明和谷雨，是竹林里幼株茁壮、老竹吐翠的时节。这时候，走进生机勃发、绿意荡漾的竹林，抚摸着青青的、粗壮的竹竿上的新鲜粉霜，仰望着直指青天、高入云端的萧萧竹梢，才会真正体会到，什么叫"吞吐大荒，睥睨寒岁"，什么叫"不折不从，坚贞魁伟"，什么叫"天地与立，剑叶葳蕤"……

在黔南山区的大地上，青青的竹林随处可见。它们不仅是广袤大地上的青葱植被和自然物产，也是大地母亲赐予这片偏僻山乡的丰厚资源。每次，徜徉在阳光斑驳、萧萧声起的竹林里，少年任正非都会感到无比兴奋和激动。他仿佛也听到了自己十六七岁的生命，正在脱去笋壳、奋力拔节、向上生长的声音！他甚至还感到了自己的身高、体重、肺活量……也像笋子的出土、青竹的生长一样，正在迅速发生着变化。他的心胸和眼界，也在悄悄发生着改变……

寒门灶火

从二十世纪五十年代末到六十年代初期,世界科技出现了一个喜人的飞跃。人造地球卫星、核动力潜艇、核动力商船、宇宙探测飞船、深海潜艇……都一一问世。著名物理学家奥本海默因此发出了这样的赞叹:"这是一个多么伟大的创造的时代!"

这个时候的任正非,像当时的大多数同龄少年一样,虽然懂得了"知识就是力量""劳动创造幸福"这些道理,却未必能想象到"科技改变世界"这一未来的前景。

这个时候的任正非,还只是一个正处在"苦其心志,劳其筋骨,饿其体肤,空乏其身"状态的寒门学子，正如他在后来满怀苦涩的回忆中所言，此时，一个能够填饱肚子的白面馒头，比那些虚无缥缈、不切实际的幻想，更具有诱惑力。

读高三那年，面临要考大学的压力，学习任务比以往更重了。可是，最难忍受的还不是功课的压力，而是如影随形、驱赶不走的饥饿感。

任正非知道，家里的粮食都放在瓦缸里，没有上锁。如果半夜里，等弟弟妹妹们都睡熟了，他偷偷地去拿一点儿什么吃的，家人也不会发现，即使发现了，也不会怪他。

但他每天夜晚，哪怕饿得再难受，最终也会控制住自己。因为他深知，如果他背着家人偷偷多吃了一点儿，就意味着爸爸妈妈、弟弟妹妹将会少吃一些。他知道，他绝对不能那么自私。爸爸和妈妈不是一直在用各自的一言一行，默默地告诉他，凡事不能总想着自己吗？人类和动物最大的区别，就是人类能够战胜本能，拥有爱心，能控制住自私自利的欲念。

然而，肚子饿了，就会咕噜咕噜地发出"抗议"，饥饿的滋味，让人没有办法专心学习，怎么办呢?

有一天,任正非饿得实在受不了了,就试着在家里本是用来喂猪的米糠中,掺进一些野菜,悄悄烙成了一个米糠野菜饼。说实话,粗糙的米糠实在是难以下咽,每一口都堵在喉咙里,需要喝一口热水才能咽下去。

这一幕,正好让任正非的爸爸看到了。

爸爸心酸地看了儿子一眼,也没有多说什么,只是轻轻拍了拍他的头,然后满脸愧疚地离开了。

第二天,任正非做功课做到深夜,又准备去烙一个米糠野菜饼充饥的时候,却突然发现,有一个金黄金黄的玉米饼,放在铁锅里!

任正非瞬间就明白了,这一定是爸爸把昨夜看到的一幕告诉了妈妈。是的,爸爸不仅告诉了妈妈,还叮嘱妈妈说,儿子正处于紧张的备考阶段,如果连起码的营养都跟不上,身子骨会被拖垮的。从那以后,妈妈经常在早上塞给任正非一个玉米饼,让他安心学习。任正非在心里暗暗发誓:等将来有一天自己能挣钱养家了,一定要好好地孝敬父母、回报父母!

许多年后,任正非心怀感恩地对华为的同事们讲道,如果不是母亲的那些玉米饼,他考不上大学,也就不会有如今的任正非了。

"梅花香自苦寒来","自古寒门多俊才"。这些古训,在任正非的成长过程中也得到了验证。

生活在云贵高原的人,家里一般都会有一个火塘。火塘是农家人一年四季的必备品。任正非的家里也有这样一个火塘,他把它称作"地炉"。他曾回忆说:"那时,家里根本没有专用的厨房,而是在卧室床前的地上,挖一个坑,做一个地炉,又做饭,又取暖……"

可不要小看这一团温暖的寒门灶火!它是足以把一家人聚拢在一起、照亮怡怡亲情的一团火光,是一簇聚拢着亲情、希望、信任与疼爱,也聚拢着一家人对生活的信心、对未来的美好期盼的神奇的火苗。有了这一团温暖的灶火,就意味着有了生活下去的希望,大家对未来的日子也就多了几分憧憬、力量和信心。

这个时候,给少年任正非的心灵带来较大触动,也引起他一些朦胧思考的,还有父母亲对待生

寒门灶火 35

活、对待工作、对待党和国家的那颗真诚的热爱之心，那种同甘共苦的感情以及任劳任怨、自强不息的精神。

他看到，父亲一生谨小慎微，在任何时候、任何场合，都是默默地、兢兢业业地做事，尽心尽力地教书育人，把自己的才能和力量毫无保留地献给山区人民、献给国家。父亲从不夸夸其谈、好高骛远，也从来没有想到会有什么回报，更不会因为一己之利、一家之私而向单位、向组织伸手索取什么。

他也看到，母亲一直觉得自己的文化水平较低，有些自卑和自愧，但母亲并不气馁，而是勤奋地自学，自强不息。对不尽如人意的生活现状，母亲也从来没有抱怨过，更没有懈怠过，始终保持着积极乐观的生活态度。

任正非在那篇《我的父亲母亲》的文章里还这样写道：

历次政治运动中，他们（指任正非的父母亲）都向党交心，他们思想改造的困难程度要比别人大得多，所受的内心煎熬也非他人所能理解。他们把一生任何一个细节都写得极其详尽，希望组织审查。

他们去世后，我请同学去帮助复印父母的档案，同学们看了父母向党交心的材料，都被他们的真情感动得泪流满面。终其一生，他们都是追随革命的，不一定算得上中坚分子，但无愧于党和人民。

正因为对生活、对工作、对人民、对党和国家怀着这样单纯的初心，怀着这样朴素和真诚的感情，一九五八年，党组织在考察和吸收一批知识分子入党时，任正非的父亲光荣地成为一名共产党员。

任正非那时候就有一个强烈的感受：父亲的入党，成了全家人最大的荣耀！

父母亲忘我的工作态度，对人民、对党和国家赤诚的感情和思想境界，自然也在默默影响着、引导着少年任正非的理想追求和精神轨迹。

从一九五九年到一九六二年，任正非在经常性的饥饿中读完了高中……

大学新生

一九六三年，十九岁的任正非，没有辜负父母亲和老师们的期望，以优异的成绩考入了重庆建筑工程学院（后并入重庆大学）。

然而，在刚接到大学录取通知书的那几天里，任正非在欢喜、激动之余，很快就冷静了下来，不能不考虑一个摆在眼前的现实问题了：上大学需要一笔不小的开支，路费、寝具、换洗衣服、洗漱用具、学费和学习用具……哪一样不需要用钱呢？生活本来就十分拮据，还得继续供养六个弟弟妹妹的父母亲，到哪里去筹到这笔费用呢？

那些日子里，任正非的脸上，最开始的那股喜悦很快就消失了，转而笼罩上深深的担忧。

爸爸和妈妈自然都看在眼里。妈妈安慰他说："非非，能考上大学是一件大好事，你看，你们这一届同学里，能考上大学的并不多嘛，所以，你应该开心才是啊！爸爸妈妈，还有弟弟妹妹们，都为你骄傲呢！"

"妈，这个我知道。可是，上大学不比上高中，我听说一些必要的生活用品，都得自带……"

"自带就自带嘛！"妈妈笑着继续安慰他说，"国家现在还不富裕，还没有条件包办一切，这个我们必须理解。"

"妈，我说的不是这个意思，我是说……我不忍心把弟弟妹妹们的一点儿生活费，用到我身上……"

"傻孩子，该用的还得用。家里出了个大学生，全家人脸上都有光嘛！你放心，爸爸妈妈就是四处借钱，也要把你体体面面地送到重庆去念书！"

妈妈的性格里，一向有自卑和怯弱的一面，但也有中国女性宝贵的自尊、刚强和乐观的一面。听到妈妈这么说，任正非鼻子有点发酸，轻轻地喊了声"妈"，就再也说不下去了。

二十世纪六十年代初期，国家各种物品的供应还比较匮乏，日常生活所需的布、米、面、油、肉、蛋等，都按照人口实行票供制，买布需用布票，买棉花需要棉花票，买粮食需要粮票。当时任正非家里，物资缺乏到两三个人合盖一床被子，单薄的被单下面，也只能铺稻草。

现在儿子好不容易考上了大学，要出远门去外地念书了，总不能连一床被子都没得盖，连一条床单都没得铺吧？再怎么着，也不能穿着补丁摞补丁的衣服，赤着脚去念大学吧？

所以，收到录取通知书后的整个夏天里，妈妈都在为任正非筹措去外地读书的生活用品。

被子，就从家里仅有的三床被子里匀出一床，旧是旧了点，但妈妈把它拆洗得干干净净，有破洞的地方也一一补好了。妈妈还想到，每一届学生毕业时，有一些家境好一点儿的毕业生，离校时会扔下一些旧被子和旧床单什么的，何不捡几条回来，拆洗干净，拼拼补补，接着用呢？果然，妈妈就用这种办法，为任正非拼拼补补，缝制出了一条花色就像"百衲衣"一样的床单。省下的一点儿钱，为任正非买了一双新球鞋，还有其他零零碎碎的洗漱用具，都装在一个搪瓷脸盆里，外面再用一个网兜装起来，好方便儿子在路上提着。

出发那天早晨，在送任正非去汽车站前，妈妈从包裹里拿出了两件崭新的白衬衣，交到儿子手上，说："到了大学，肯定还要长个子的，这两件衬衣，妈妈剪裁时，有意比你现在的身材做大了一些，以后可以换着穿。"

在此之前，任正非从来没穿过衬衣。再热的天，他也只能穿着厚厚的外衣，从来不敢主动让父母给自己买衬衣。接过衬衣，任正非有惊喜，更多的却是担忧："妈妈，家里的布票那么少，我用了，弟弟妹妹们怎么办？"

"不用担心啦，那几件你已经穿不进去的衣服，弟弟妹妹们都可以接着穿。家里的事你不用操心，安心去大学念书就好。"

爸爸特意准备了一根竹扁担，给任正非挑着行李担子。担子一头是打得紧紧的铺盖和衣服卷儿，另一头是装着其他日常用具的一个大网兜。爸爸和妈妈一起，一直把儿子送到了都匀汽车站，才把行李担子交给他。

坐在汽车的窗户边,任正非不断地挥手,让爸爸妈妈早点回去。

目送着爸爸妈妈转身离去的身影,任正非再也忍不住自己的泪水,低下头,掩面抽泣了许久……

一九五二年,西南工业专科学校、重庆大学土木建筑系、川北大学、成都艺术专科学校、川南工业专科学校、西南交通专科学校共同组建了重庆土木建筑学院土木系。第二年,同属西南地区的云南大学、贵州大学两所高校的土木系也并入了重庆土木建筑学院。一九五四年,重庆土木建筑学院又更名为重庆建筑工程学院。

当时的大学生十分稀少。任正非在重庆建筑工程学院读的是暖通专业,完整的名称叫"供热供暖及通风专业"。后来,他曾自嘲:"莫非,这其中也有一种因果联系?"读高中的三年,任正非尝尽了饥饿和寒冷的滋味,因此对家中那个温暖的地炉特别有感情,也许,从那时起,他内心里就在期盼着,世间能有更多的"热"与"暖"通进千家万户,能够"大庇天下寒士俱欢颜"吧?

离开家乡贵州来到重庆,一段崭新的大学生活开始了……

爸爸的皮鞋

滔滔不息的嘉陵江，是长江上游一条有名的支流，发源于群山逶迤的秦岭北麓，一路蜿蜒而下，在重庆汇入滚滚的长江。

在苦难的旧中国那漫长的岁月里，奔腾不息的嘉陵江上，日日飘荡着纤夫们高亢和悲壮的号子声。纤夫号子仿佛在倾吐着嘉陵江两岸人民无尽的悲哀与苦难，又像是要穿透那日夜浓雾密布的岁月，与伟大的母亲河长江一起，聚集起万般力量，挽起沿岸的群山和林莽，冲出狭窄的夔门，奔向辽阔的东方的海洋……

任正非就读的重庆建筑工程学院坐落在重庆沙坪坝区。沙坪坝位于重庆西南部，东滨嘉陵江，西抵缙云山，因此，任正非初到沙坪坝时，给他印象最深、触动最大的，就是滔滔的嘉陵江水和从晨雾中传来的、一声高过一声的、激昂有力的纤夫号子……

嘉陵江在远处滔滔不息地向前奔流。高亢有力的号子声，好像是已经从战火和苦难中走出来，大踏步进入了社会主义建设时期的祖国母亲，正在召唤着任正非他们这一代年轻的学子，快快强壮和成熟起来，好挑起新中国建设事业的重担！

在学校里，任正非观察到，像他这样出身寒门、生活拮据的同学还有很多。有些来自贫困山区的同学，还是穿着草鞋，甚至赤着双脚走进大学校门的。

不过，生活的贫困与艰辛，一点儿也不妨碍同学们在学习上发奋努力。当自己的祖国正处在困难、落后和亟待建设与振兴的时期，他们这一代有志的青年学子，谁也没有去奢望自己能过上比普通百姓更优越的生活。

任正非小时候就养成了喜欢阅读的好习惯，所以，大学里的图书馆简直成了他的乐园。没有课的日子，他几乎都泡在图书馆里，文学、历史、哲学、科普、人物传记……不论什么内容的书籍，都能引起他阅读的兴趣。同学们称他是"博览群书型"的大学生。

偶尔，他也会约上几个要好的同学一起去爬山。站在高高山冈上的树林里，任正非远远地看着像一条青色的带子一样，蜿蜒远去的嘉陵江，倾听着和江上的风声一起传来的、隐隐约约的纤夫号子声……

他越来越理解到，嘉陵江不仅是一条承载过一代代人的艰辛、悲愤与苦难的江流，也是运载着一代代人的希望、信念和不屈的意志的大江！

是呀，一代人有一代人的性格特征，一代人有一代人的精神追求和使命担当，一代人也有一代人的理想与誓言。不过，无论是处于哪个时代的年轻人，有一点则是共同的，那就是都追慕高远，都崇尚真、善、美，都追求浪漫、美好的梦想，而且都富有朝气，都富有力量，都渴望朝着更高、更远的目标飞翔！

他们在灯火通明的图书馆里，如饥似渴地阅读着；他们在教室里、在小礼堂里听课、讨论；他们在晚会舞台上朗诵、演剧、合唱；他们也去工厂、车间、田野、码头、库房、工棚实习和参加劳动……

"恰同学少年，风华正茂；书生意气，挥斥方遒。"他们的精神状态无一例外都是那么昂扬向上，都在悄悄地努力，准备在不久的将来，在工农业生产的各条战线上，为祖国建设事业贡献自己的青春、智慧和力量。每一颗年轻的心中，都闪耀着理想的火焰；青春的汗水浇灌出智慧的花朵，梦想的骏马在一张张设计蓝图上奔驰……

然而，每一个时代，都是在艰难地解答着一个又一个难题，一步步向前迈进的。

任正非他们这一届大学生还没毕业，"文化大革命"开始了。到了一九六七年，学校基本已经停课，学生们也无心上课，大部分开始返回家中，等待复课的日子。

任正非也像其他同学一样，背着小小的行囊，扒上一列拥挤不堪的火车，忐忑不安地往老家赶。他不知道，在家里，他的父亲正在遭受审查，全家人的日子都不好过……

任正非辗转多地，好不容易扒了几趟火车，才从重庆赶回贵州。然而家中状况未知，他也不敢直接在父母工作的小城下车，而是在前一站一个名叫"青太坡"的车站下了车，然后步行十几里山路，在后半夜才回到家中。

父母见他回来了，先是一阵惊喜，旋即又开始担忧。为了儿子的前途，父母亲也没有跟任正非多说什么，只是让他明天一大早就离开这里，免得遇到熟人，问这问那。

事后任正非才知道，一向谨小慎微的父母亲，是怕儿子因为他们正被审查的事而受到牵连，影响儿子的正常毕业和未来的前途。

在家里连一口热饭都还没有来得及吃，任正非又只得忍痛离开了。

临走时，爸爸脱下自己的旧翻毛皮鞋，让儿子穿上。任正非也没有多想，穿上爸爸的皮鞋，趁着天色刚蒙蒙亮，就匆匆离开家，又辗转回到了学校。

任正非记得，临走前，父亲又说了几句经常

叮嘱他的话："非非，一定要记住啊，知识就是力量！再怎么也不能不学习，学好了知识本领，总有一天能派上用场的。等你以后有能力了，再帮助弟弟妹妹们吧，现在先把你自己顾好，你的前途最要紧……"

心里装着爸爸的叮嘱，任正非返回了学校，尽力避开社会上和校园里的各种纷扰，甚至经常躲在寝室里或学校附近的山坡上、小树林中刻苦学习。

在恶劣的环境下，任正非把两本樊映川的《高等数学讲义》的习题集，从头到尾做了两遍，还学完了逻辑学、哲学等课程，甚至还自学了三门外语，到了可以自主阅读大学课本的程度……

而回忆起这段在纷扰中勉力求学的日子，任正非感到最愧疚和痛苦的一件事，就是他当时没有多想，就穿走了爸爸的那双旧翻毛皮鞋。

他在《我的父亲母亲》一文里这样写道：

我当年穿走爸爸的皮鞋，今天是十分后悔的。我那时是一个学生，是自由人，不用泥里水里跑，而爸爸那时是被押着做苦工，泥里、水里，冰冷、潮湿……他才真正需要。我那时只理解父母的温暖，没有理解他们的需要，也太自私了。

除了这番自责，那时候一家人的生活状况，也比之前更加困难。父母亲虽然都是教师，但他们每月能领到手的生活费，大约只有十元。这么一点儿生活费，要养活任正非六个年幼的弟弟妹妹，那该有多难啊！

但困难没有击垮任正非，多年后谈起这段经历，他沉痛地说，这是一场灾难，但也是"一次人生的洗礼"，让他在政治上成熟起来，不再是单纯的"书呆子"。

同时，他还这样反思道："我认为，出身贫寒并不羞耻，而思想与知识贫寒，出身高贵也不光荣。我的青少年时代就是在贫困、饥饿、父母逼着学中度过的。没有他们在困难中看见光明，指导并逼迫我努力，就不会有我的今天。"

任正非的大学母校重庆建筑工程学院，在进入二十一世纪时，已并入重庆大学。重庆大学的校训是"耐劳苦、尚俭朴、勤学业、爱国家"，其中一部分内容是从重庆建筑工程学院承袭而来的。这十二个字,当年在任正非这个学子身上,也无一不得到了很好的体现。

工程兵战士

一九六六年，为了适应当时国家经济建设和国防建设事业的需要，中央决定，在八月一日建军节这天，组建一个新的陆军兵种——中国人民解放军基本建设工程兵部队，简称"基建工程兵"。

这支新组建的基建工程兵部队，除了有应征入伍的一些具有专业技能的新兵，还有从国家的一些直属基建施工队伍中选拔整编而来的人员，同时又从铁道兵、工程兵中调入了一批将士，组成了一支思想上革命化，装备上机械化，能吃苦，敢打苦仗、硬仗的特殊部队，被称为国家基本建设战线的"突击队"和"生力军"。

二十世纪七十年代，任正非光荣地参军入伍，成为这支英雄的基建工程兵部队里的一员。那么，任正非是怎样从一名大学毕业生，成为一名工程兵战士的呢？

一九六八年，任正非大学毕业了，但是，受时代的影响，毕业后的他成了一名普通的建筑工人，还当过两年炊事员，这不仅和他后来从事的通信行业没有一点儿关系，甚至和大学里学习的科学技术都不沾边。

值得庆幸的是，在这期间，他遇见了一位心仪的女孩，名叫孟军。两个年轻人在相识相恋一段时日之后，步入了婚姻殿堂。一九七二年，长女晚舟出生了，这个孩子跟着母亲姓孟；一九七五年，他们有了第二个孩子，就是儿子任平。

在任平出生的前一年，也就是一九七四年，任正非赶上了基本建设工程兵部队在全国各地"招兵买马"。多年来一直无所作为的任正非感到这是一个改变自身和家人命运的机会，毅然申请入伍。由于部队急需技术人员，任正非幸运地穿上了军装，成为基建工程兵部队的一员。

入伍后的任正非参与建设的第一个重要工程是

位于东北辽阳市太子河畔的一个化纤工厂。

任正非和战友们初到东北时，太子河畔一片荒凉，真可谓"北风卷地百草折"，冬天里滴水成冰，最低气温低于零下二十摄氏度。

一切都得从零开始。房子没有半间，任正非和战友们一开始只能全部睡在草堆上，早晨起来时，被子上竟然是一层厚厚的霜与雪。后来他们自己制作砖坯，盖了一批干打垒的土坯房，虽然四壁不时地漏风漏雨，但总算有了一个带屋顶的宿营地。

当时东北的乡亲们每人每月供应的食用油只有三两，部队里情况稍好一些，但日常生活同样也缺少肉和油，更没有什么新鲜蔬菜。任正非和战友们有大半年时间，一日三餐吃的都是以高粱、玉米为主的"杂合粮"，所谓"下饭菜"，就是在一个大水泥池子里腌制的芥菜疙瘩和酸萝卜。

人民解放军的传统和本色就是艰苦奋斗、不怕困难、勇往直前。军队也像是一座大熔炉，淬炼着每一位战士的钢筋铁骨，锻造着他们任何力量也摧不垮的钢铁意志！

作为基建工程兵的任正非，也在这座大熔炉里得到了充分的淬炼和锻打。因为专业技术过硬，又特别能吃苦，无论多重的担子，他都愿意抢着去挑，所以，任正非后来在部队里进步非常大，从一名普通士兵，转而成为技术员、工程师，一步步晋升为一家拥有二十多位专业技术人员的小型建筑研究所的副所长，获得了相当于副团级的技术职级。

是呀，吃苦耐劳，敢于担当，他从小学时代、中学时代到大学时代，一路上不都是这样挺过来、闯过来的吗？苦和累、饥和冷，对他来说又算得了什么呢？

三十多岁的任正非分明感到，自己的胸怀里已经有了更丰富的情愫和更大的抱负，肩膀上也有了更重的分量。

淬炼成钢

能在军队中度过几个艰苦而宝贵的春秋,这是任正非一直引以为傲和感到荣耀的一段履历。

任正非在大学里接受过专业训练,而且在工作中吃苦耐劳,又喜欢动脑子琢磨问题,所以,在化纤厂建设过程中,他和战友们不仅敢于把冰封的雪原踩在脚下,在恶劣的环境和重重困难中淬炼成钢,而且他还勤于钻研,运用自己掌握的专业知识,不断攻克施工中遇到的技术问题,甚至搞出了一些发明,切实体会到了父亲以前时常叮嘱他的"知识就是力量"那句话的价值。

有一次,任正非在施工中发现,设备上因为缺少用来检测高精度仪表的仪器,不仅影响了工作效率，而且也缺失了一种科学检查标准。于是他开始琢磨这个问题，总想着解决它。

不久，沈阳自动化研究所的一位技术人员来工地上指导技术，任正非跟他谈起了自己的想法。技术人员告诉任正非说，他在国外见过这样的检验仪器，还在纸上为任正非画出了这种仪器的样子。

有了这个图样，任正非对解决这个问题更有信心了。

功夫不负苦心人。经过了不少时日废寝忘食的琢磨和试验，任正非终于用数学推导的方式，推导出了这种仪器的设计要点。为了验证自己的设计方案是否合理，他又冒着严寒去了一趟东北大学，虚心向一位对这个领域比较熟悉的教授请教。

这位教授看了任正非的设计，不禁有些惊喜，跷起大拇指称赞说："年轻人，你自己也许还不知道，这个仪器一旦生产出来，用到了我们的设备上，可是填补了我们国家目前的技术空白呀！"

任正非听到教授这样肯定他的设计，心里暗喜。

是不是能填补技术空白，他倒是没有想这么

多，他觉得，只要他的这个发明，能对他和战友们的施工效率与质量有所帮助就是好的。

任正非鼓捣出的这个仪器，名叫"空气压力天平"，不仅填补了国内一项技术空白，在当时甚至还达到了世界先进水平。后来，《文汇报》以《我国第一台空气压力天平》为题，专门做了报道。军报《基建工程兵》还用大半个版面刊登报道任正非事迹的新闻特写，并以《任正非》为名。

这项成果，是任正非在科技创新上的"霜刃初试"。他在部队里搞的发明当然不止这一项。不久之后，他作为部队选派的技术人员代表，参加了全国科学大会，第一次听到了"科学技术是第一生产力"的论断。所有这些，都为他后来创办华为这样的科技公司，埋下了梦想的种子。

在工程兵部队"一手拿枪，一手拿镐"的日常生活中，任正非从童年起就养成的喜欢读书的好习惯，也从来没有改变。

部队的图书室里有少量的书，他几乎把每一本都看了个遍。因为图书室的藏书量本来就不多，有一些书，他甚至通读了两三遍。

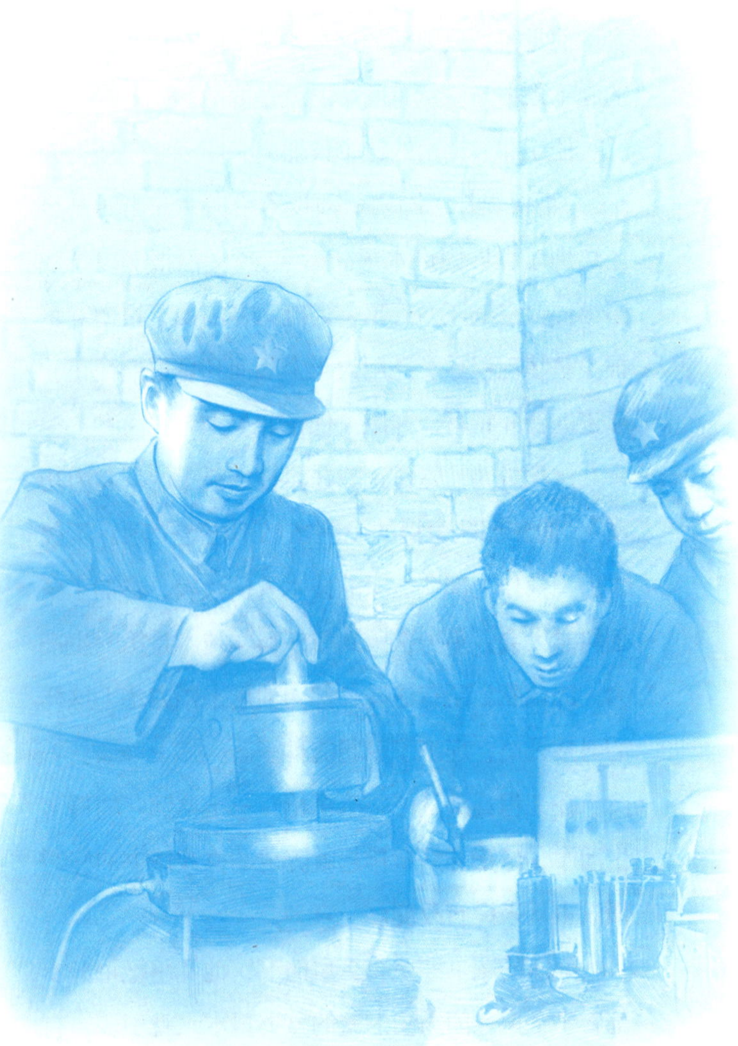

他这时候最喜欢读的一套书要数《毛泽东选集》了。读这套书,他做了不少读书笔记,摘录下许多闪光的警句,并写下了自己的心得体会。

所以,任正非后来多次讲到,毛主席的著作、毛泽东思想,从那时起就开始武装他的头脑。在他后来领导华为的千军万马顽强拼搏、筚路蓝缕,在事业上不断开拓和创新时,毛泽东思想有如指引航向的灯塔,也如稳如泰山的磐石,给了他无限的思想和行动的自信与底气。

在工作、读书之余,任正非也不由得想到童年时妈妈给他带回来的那本《古丽雅的道路》,想到古丽雅用青春和热血所追求的人生的"第四高度"……

是啊,从第一高度、第二高度,到第三高度、第四高度……这是一条多么清晰、坚定的人生之路和值得毕生为之奋斗的崇高目标啊!而我呢?我也能这样做到吗?能做到吗?……

在寒风呼啸的午夜时分,捧着这本书,他也曾这样一遍遍地叩问自己。

因为当过兵,在不同的年月里都熟读过《谁

是最可爱的人》，并且被一位坚守上甘岭、血战松骨峰的志愿军英雄深深地感动过和照亮过，所以，"打不垮的上甘岭""用生命坚守上甘岭阵地"，成了任正非后来的职业生涯中，使用频率最高的、带有象征性和崇高意义的比喻之一。

在心中矗立起了一座永远也打不垮的"上甘岭"，经过部队生活的淬炼，任正非的硬汉性格和钢铁般的意志已经铸成。在这样一座巍巍不倒的"上甘岭"面前，什么苦、什么累、什么委屈与不公，都再也无法动摇他；什么名利与荣誉，都再也无法诱惑他！

正如他后来回忆在这段军旅生涯中的淬炼时所说，从此，他不再在乎心中的不平，更不会在意各种名利和荣誉，因为，相比坚守上甘岭的英雄们用血肉之躯换来的阵地，这一切，又算得了什么呢？

科学的春天

冬去春来……

春天有时候会姗姗来迟，但终究是谁也不能阻挡住她的脚步。

在冬末的寂静里，在最后的料峭的风中，你也许会听到一丝微弱的呼唤，仿佛来自冰层，来自旷野，来自萧索的山林……它们如泣如诉，如一种渐渐升起的温情，一种亲切的、越来越近的足音。

一队队大雁也在空中嘎嘎鸣叫着，从江南飞回了北方。温暖的春风吹绿了长城内外、大江南北的每一寸土地。所有的草木顽强地焕发着勃勃的生机。温情的春天，用满山满冈的绿色和野花，用一道道奔腾的春水，安慰着、鼓舞着艰辛的奋斗者。

啊,土地解冻了,冰河开封了……

此刻,时光的脚步到了二十世纪七十年代末。

任正非和他的基建工程兵战友们,正在为一个个建设项目,锲而不舍,步步向前。而任正非自己,也在技术革新上不断钻研,并且有所收获。

星光不问赶路人,时代不负奋斗者。

这个时期,任正非在基建工程兵这支光荣的部队里,一度成了战友们津津乐道和由衷钦羡的"名人","标兵""能手""突击手"等各种嘉奖称号纷至沓来。

从冬天里跋涉过来的人们,对春天、对季候有一种特别的敏感,细心的人们也分明感知到了,已经走出漫长寒冬的祖国,如早春时节处在"杏花消息雨声中"的山川大地一样,正在不断地向人们吹送着万物复苏的"杏花消息"……

一九七八年三月,举世瞩目的全国科学大会在北京召开。许多我们如今耳熟能详的、为国家做出杰出贡献的科学家,例如钱学森、华罗庚、陈景润、袁隆平、屠呦呦等,都参加了这次具有里程碑意义的大会。

这一年，任正非三十四岁，作为军队里推选出来的优秀技术人员，他幸运地成为全国科学大会的与会者之一。

在这次科学大会上，任正非聆听了邓小平关于"科学技术是第一生产力"的重要论述。他也永难忘记听到这一论断的那一刻，自己无比激动的心情。整个会场掌声雷动，很多代表禁不住热泪盈眶……

大会还邀请郭沫若，在现场发表了一篇题为《科学的春天》的演讲。郭老以诗人的激情和飞扬的文采，这样讲道：

我们中华民族在人类文明发展史上，曾经有过杰出的贡献。现在，在共产党的领导下，我们民族正在经历着一场伟大的复兴……今天，我们社会主义祖国的伟大革命和建设，更加需要大批社会主义时代的巨人。我们不仅要有政治上、文化上的巨人，我们同样需要有自然科学和其他方面的巨人。我们相信一定会涌现出大批这样的巨人。

即使过去了很多年，任正非对郭沫若的这篇激情澎湃的演讲仍然记忆犹新。郭沫若在演讲最后，用诗的语言这样说道：

春分刚刚过去，清明即将到来。"日出江花红胜火，春来江水绿如蓝。"这是革命的春天，这是人民的春天，这是科学的春天。让我们张开双臂，热烈地拥抱这个春天吧！

"科学的春天"这个生动而贴切的比喻，从此成为对当时的时代精神最形象的概括。全国知识界、科学界，从此也掀起了刻苦钻研科学技术，奋力拥抱"科学的春天"的热潮。正如郭沫若所预言的那样，一部向科学进军、向四个现代化进军的"伟大的历史巨著"，"正待我们全体科学工作者和全国各族人民来共同努力，继续创造。它不是写在有限的纸上，而是写在无限的宇宙之间"。

春天的脚步是急促的，春天的力量也是迅猛的。

真理的巨雷在天边隆隆滚动，改革的春风从四面八方劲吹而来。在一切渴望和期待之上,每一颗心都感到了它的强烈和迅猛。早春的花朵迎风怒放,被压抑的草木破土苏醒……

人心思变。一切都在朝着新的希望、新的目标进发。

一九七八年十二月,具有划时代意义的中国共产党第十一届三中全会在北京召开。这次大会,正式拉开了中国改革开放的序幕。

任正非和当时的所有人一样,甩掉身上和内心里的一切包袱,迈开矫健的步伐,斗志昂扬地走进了改革开放的新时期……

永远的荣耀

从少年到青年,从校园到军营,爱党、爱国、爱人民,是任正非流淌在血液里、铭刻在骨子里的一种情感。这跟父母亲从小对他的教育和影响,有着直接的关系。

"文革"结束后,任正非的父亲也在政治上和精神上获得了解放。一旦重新获得为党、为国家、为人民工作的机会,任摩逊无怨无悔,全身心地投入到了自己所热爱的教育事业当中,并听从上级安排,到一所重点中学担任校长,一直工作到一九八四年,才按照国家政策正式退休。

父亲这种不计个人荣辱、"虽九死其犹未悔"的家国情怀和高尚品德,对任正非触动很大。他后来在回忆文章里，是这样看待父母亲这一代人的情操与品德的：

> 我为老一辈的政治品德自豪，他们从"牛棚"中一放出来，一恢复组织生活，都拼命地工作。他们不以物喜、不以己悲、不计荣辱、爱国爱党、忠于事业的精神，值得我们这一代人、下一代人、下下一代人学习。生活中不可能没有挫折，但一个人为人民奋斗的意志不能动摇。

父亲是一名老党员，这是老人家一生至高无上的荣耀。

任正非从青年时代开始，一直也在努力追寻着这个崇高的理想和目标。尤其是到了部队以后，能成为一名共产党员，是当时每一个革命军人的最高荣誉。

任正非也一直记得，童年时代，母亲和他讨论过的入队、入团、入党和为祖国建立功勋这"四个高度"的话题。

然而，在很长的时间里，任正非在部队都没有机会入党。

一直到了他参军入伍的第八个年头,父亲的问题得到平反,事情才迎来转机。部队经过考察,最终批准了他的入党申请。

站在鲜红的党旗下,任正非庄严地宣誓入党。从此,作为一名革命军人,作为一名共产党员,这两个神圣的身份,成了他今生今世永远的荣耀!

一九八二年九月一日至十一日,中国共产党第十二次全国代表大会(简称"党的十二大")在北京举行。三十八岁的任正非幸运地当选了党的十二大的代表。参加党的十二大的正式代表共一千六百人,候补代表一百六十人,代表着当时全国三千九百多万名党员。

这么年轻就当选党的十二大代表,这是任正非人生的高光时刻。满怀欣慰和喜悦的老父亲,给任正非出席党的十二大时,跟参会的党和国家领导人合影的照片,配上一个精致的相框,挂在墙上,全家都引以为豪。

部队里有一句常言:"不想当将军的士兵不是好士兵。"这时候,作为军人的任正非,心里还藏着另一个"不足为外人道"的心愿：他很想自己能在转业之前，获得一个中校军衔。

然而，在几乎与他出席党的十二大的同一时刻，一九八二年九月间，中国人民解放军进行了第七次大裁军，任正非所在的基建工程兵部队，也在这次裁军范围之内。

任正非还没来得及实现自己那个隐秘的心愿，就依依不舍地告别了战风雪、斗严寒、"艰苦奋斗，四海为家，祖国处处摆战场"的军旅生涯。

好多个静夜里，任正非独自徘徊了良久。他的思绪变得异常活跃，一会儿想到国家的未来，一会儿又想到自己妻子和孩子的明天；一会儿想到即将分散到天南地北的部队的首长和战友，一会儿又想到家中年老的父母亲，还有陆续走上社会的弟弟妹妹们……

"苟利国家生死以，岂因祸福避趋之。"

不知为什么，他还想到了自己读过的这两句古诗。这是清末政治家林则徐《赴戍登程口占示家人》一诗中的句子，诗中所抒发的慷慨豪迈的家国情怀，令任正非难以忘怀。

是啊，只要是对国家有益的事业，哪怕牺牲自己的生命也在所不辞，岂能只考虑个人的利害祸福而远远地避开，缺失应有的担当呢？

三十多年来父母亲的言传身教，入伍以来部队的培养和淬炼，不也是为了这样一颗初心，为了这样一种义不容辞的使命与担当吗？

想到这里，任正非心里顿时有了无限的底气和信心。在深夜的星光下，他理了理自己很快就要脱下的军装，迈开大步，坚定地向前走去。他明白，他要去迎接一个全新的明天……

艰难的选择

一九八二年,三十八岁的任正非面临着人生的一次艰难的选择。

本来,基建工程兵部队撤销后,考虑到任正非在部队里有着出色的表现,是难得的技术人才,部队准备安排他去某军事科研基地工作。这对于正在考虑未来去向的任正非来说,当然是一个求之不得的好消息。

有一天,任正非特意把妻子孟军、女儿孟晚舟都带到这个军事科研基地参观。

"爸爸,以后我们全家就在这里生活吗?"不料,十岁的女儿童言无忌,噘着小嘴说,"这里好荒凉啊,我在哪儿上学呢?"

孩子说的,的确是大实话。

任正非明白,如果仅仅是他一个人,再荒凉的地方、再艰苦的生活,也不在话下。有多年基建工程兵的军旅岁月"垫底",还有什么苦和累是他扛不起的呢?

可是,作为丈夫,作为父亲,他实在不忍心,让多年来一直聚少离多的妻子和女儿,再跟着他继续受苦受累……

思前想后,任正非做出了一个痛苦的选择:放弃去某军事科研基地工作的机会,正式转业,来到了南方的一座年轻的城市——深圳。

这时候的深圳,真的是一座异常年轻、即将开始腾飞的城市。一九八〇年八月二十六日,全国人大常委会审议通过《广东省经济特区条例》,深圳经济特区正式建立。这一天,后来也被大家亲切地称为"深圳的生日"。

城市的一切都是年轻的。港口年轻,车站年轻,工厂年轻,酒店年轻,经理年轻,工人年轻,职员年轻,高楼年轻,设备年轻,技术年轻……一切希望,一切期待,一切蓝图,都是年轻的,而更年轻的，是一颗颗怀揣着梦想而来的年轻人的心。

要生存，要站稳脚跟，先要把眼泪擦干；大路在前，来日方长；理想万岁，青春万岁！——这几乎是在二十世纪八十年代初期来到深圳的那批打工人和创业者的一种共识，也是一种共同的信念。

任正非之所以选择来到深圳，是因为妻子孟军已经先他一步来到这里，在一家颇具实力的国企——南油集团工作，并且很快进入了高管层。

想必是跟孟军的"动员"有关。任正非离开部队进入社会后从事的第一份工作，就是到南油集团下属的一家电子产品公司，担任副总经理一职。

从部队里走出来的任正非，从来没有做过生意，也没有任何管理企业的经验。在第一份工作中，就迎头遭遇了一次致命的"滑铁卢"——因为没有任何从商经验，事先也没有对生意陷阱的防范之心，他在进行一笔数额达两百万元的交易时，被买方骗走货物，却没有收到货款。

在当时社会上普遍还把少数先富起来的"万元户"视为富翁阶层的时候，两百万元，无论是对任正非个人，还是对一家公司来说，都是一个天文数字。

没办法，公司的损失是他造成的，他推卸不了这个责任，只能咬紧牙关，独自承担后果。他无力赔偿这笔两百万元的损失，最终离开了南油集团下属的这家电子产品公司。

"屋漏偏逢连夜雨"。由于生活上的窘迫、工作上的狼狈等多种原因，任正非和孟军的婚姻也出现了严重裂痕。结果，在他工作上遭遇了"滑铁卢"后不久，婚姻也走到了终点……

这段时间，称得上任正非人生的一个至暗时刻。

任正非心里一直记得，当初他决定放弃某军事科研基地的工作，到深圳寻找自己的事业时，十岁的女儿孟晚舟还跟他说过这样一句话："爸爸，如果将来我考不上大学，你要对我的前途负责哟！"

天真懵懂的女儿，是任正非的"心头宝"。现在，两手空空、连一个完整的家都没有保住的任正非，又想到女儿的这句话，禁不住心如刀绞一般。他在一种深深的自责、惭愧和痛苦中，度过了无数个不眠的夜晚……

后面的路，你该怎么走呢？

他一遍遍地在心里这样问着自己。

创立华为

任正非自己的小家破碎了,所幸的是,他的父母亲这时都还健在,他的弟弟妹妹们也都已经长大成人。

这时候,是慈爱的妈妈,把受伤的儿子呼唤回了亲人身边,让他回到了那个虽然不算宽敞,却总算还有一个亲情怡怡、热气腾腾的小饭桌的家中……

就像一头在外面受了伤的小兽,拖着沉重的身子,躲到不为人知的草丛和林子里,独自舔干身上的血迹,让时间去治愈身上的伤口一样,任正非回到父母亲身边,度过了一段短暂的疗伤的日子。

这时候,任正非也亲眼看到,社会上已经掀起一股"下海"风潮。原本属于国家单位的公职人员，还有国有企业的管理者和基层员工，有的辞掉了公职，有的放弃了国有单位的"铁饭碗"，纷纷"下海"经商，大胆地迈出了创业的步伐……

一九八七年，任正非四十三岁，已过不惑之年。

他终究是一位在人民军队的大熔炉里经受过淬炼的钢铁汉子。一场打击，固然给他带来了不少迷茫、彷徨，甚至深重的伤痛，但最终并没有把他击倒。

现在，他已经舔干了身上的血迹，顽强地站了起来。

他决定东山再起，重新踏上征途。

这时候，年轻的深圳正处在"东方风来满眼春"的季节里。

任正非想明白了，一个人如果长久地沉湎在错过太阳的伤感里，那么他也许还会错过群星。

不！他不能错过这个春水奔腾、群星闪耀的时代。

他决定自己创业。

按照当时的规定，注册公司最低需要两万元的注册资金。任正非四处游说，总算说服了另外五位同伴，一起凑到了两万一千元的创业资金。

他在南油新村找到了一处偏僻破旧，价格比较低廉的居民楼。他决定在这里"安营扎寨"。他想象着，这里将成为他明天的征途的起点。

公司确实够小的，人员、资金、办公楼，都有点"拿不出手"。

去工商部门登记注册那天，他们连公司的名字都没有想好。

正在踌躇不定的时候，任正非偶一抬头，无意中看到墙壁上有一条宣传标语，上面有"中华有为"四个大字。

"名字有了，就叫'华为'吧。"任正非轻轻念了一遍，"华为，华为，中华有为。"他对这个名字还算满意。

这时候，他根本不会想到，这个名字里蕴含着一种石破天惊般的预见性——许多年后，"华为"二字，竟然真的成了"中华有为"的一个赫赫有名的象征性符号，以"华为"命名的这家公司，不仅

中华有为

中华先锋人物故事汇　任正非

成为中国科技企业的一面旗帜，并且深深地影响着全世界的通信事业！

为了照顾儿子的生活，年老的父母亲都离开老家来到深圳，只为了让儿子忙完一天的工作后，还能够吃上一口热饭。

他们也深知儿子这番创业是举步维艰，所以，两位老人在日常生活中更加省吃俭用，恨不能把一块钱掰成两半用。

这时，任正非和父母、侄子住在一间十几平方米的小屋里，就连做饭也只能在阳台上。每次到菜市场买菜，老母亲都会有意选择晚上去，因为她摸到一个规律，晚上的菜价最便宜。深圳靠海，可以吃到新鲜的海产品，但她也只买便宜的死鱼死虾。

反正能省一分就省一分。后来，一个妹妹告诉任正非，妈妈总是担心他的公司会破产，办不下去，所以就悄悄地积攒了一笔存款，时刻准备给任正非应急用。

母亲的感觉其实也没有错。当时，任正非注册完公司，购买了几件必需的办公设备后，手上真的是一分钱也没有了。

他注册的"华为",性质上是一家技术公司,但实际上,刚开始时一没技术,二没产品,三没资金,四没经验。公司的艰难和窘境可想而知。

一开始,华为的业务主要是采购一些电子产品,然后转手卖出,赚点差价。为了生存,他们甚至还卖过保健品。在经过了一段"小打小闹"的摸索期之后,一个偶然的机会,任正非从一位朋友口中了解到,在通信行业里,有一种电话交换机的业务,当时家庭电话还没有普及,但是越来越多的政府机构、企事业单位开始装上了电话,所以这种供单位使用的小型交换机供不应求,很有市场……

朋友的一番话,让任正非眼前一亮!

任正非很快对这个行业做了一番细致的调研。他发现,目前国产的小型交换机的产品质量不尽如人意;而完全依靠从外国进口,不仅价格不菲,办理进口手续等所费时间也较长。当时,深圳到处都矗立着"时间就是金钱""时间就是效率"的标语牌。任正非知道,一味等待从国外进口小型交换机,显然满足不了中国市场的需求。那么,还有没有别的产品来源渠道呢？

沿着这个思路，任正非继续调研和寻找。

这时，他发现，香港有一家公司生产的某种型号的小型交换机，质量比内地组装的要好，价格又比从国外进口的低，性价比很不错。

"不妨就从这里入手试试！"

任正非当机立断，决定先去争取代理这家公司的产品。说实话，小小的公司要想活下去，也没有更多时间容他再犹豫不决了。

在改革开放初期，"产品代理"是一种比较体面、好听的说法，其实它还有一个在老百姓口中普遍流行的通俗叫法——"倒爷"。

"倒爷"就"倒爷"吧。任正非虽然有军人出身的尊严，但也是一个十分务实、喜欢脚踏实地地做事、从不讲究虚荣的人。这时候，身在商品市场之中，他在心里也赞成"不管黑猫白猫，能捉住老鼠就是好猫"的道理。

于是，他经过努力，取得了这家香港公司的信任，成了这家公司的产品代理商之一，老板甚至给了他一年两千万元的赊账额度。也就是说，他可以

"免费"进货，等把货物卖出去之后，再把货款还给这家香港公司。

果真是"功夫不负苦心人"。因为勤快、能吃苦，再加上待人诚恳、产品售后服务做得细致，初创不久的华为公司，在这项业务上竟然很快打开了市场，拥有了口碑。因为订单如雪片般飞来，造成了香港那家公司产品缺货，时常发不出货来……

每一个时代，总是艰难地解答着一个又一个难题，而永不止步地向前迈进。每一个家庭，每一个个体，不也是这样吗？

这时候，已经进入通信领域的任正非还不知道，人类正在飞速发展的通信技术，正在怎样迅速地改变这个世界，影响每个人的日常生活。他已经进入了市场经济的汪洋大海，但他还没有真正站立到潮头之上。

二〇〇〇年，在谈到华为初期的创业理念时，任正非这样说道："（当时）对于我个人来说，我并没有远大的理想，我思考的是这两三年干什么，如何干，才能活下去。我非常重视近期的管理进步，而不是远期的战略目标。活下去，永远是企业的硬道理。"

是的,先要脚踏实地、立稳脚跟,"活下去",这是任正非刚强的性格里最务实和最宝贵的一面。

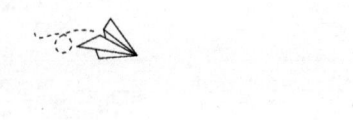

进入激战阵地

《草叶集》的作者、诗人惠特曼在长诗《大路之歌》里这样断言:"从任何一项成功,都产生出某种东西,使更伟大的斗争成为必要。"

在任正非"霜刃初试",获得"第一桶金"之后,时光的车轮驶入了二十世纪九十年代。

这个时候,世界通信设备领域已经成为一片风起云涌的战场,对国内的普通百姓来说,固定电话也开始逐渐普及。一些国外的知名公司,凭借自己的产品优势,早已占领了许多科技制高点,可谓山头林立,同时也都在梦想着做得更大、更强,最好能够"独霸天下"。当时,很多中国人对这些来自国外通信行业的巨头,已经耳熟能详,比如瑞典的爱立信、德国的西门子、日本的富士通、美国电话电报公司（AT&T，后来发展出朗讯）、比利时的贝尔、法国的阿尔卡特，等等。

通信行业是一个国家基础性、先导性、战略性的产业，对国民经济、军事政治乃至普通人的生活都有着至关重要的影响。然而在二十世纪九十年代，我们国家在通信领域相当落后，没有这方面的制造体系，也缺乏这方面的技术专利，一切都处在萌芽、试水和"摸着石头过河"的状态……

任正非可以说是"误打误撞"进入了通信行业，进来之后，才发现通信行业的"水很深"。面对激烈的竞争，一些技术和资金都不雄厚的国内企业有的倒闭了，有的知难而退，依附于外国大品牌。但任正非却选择了一条更艰难的道路：自主研发。那个时候，面对和西方巨大的技术差距，大多数国内厂商都认为"造不如买"，但有一些初步的认识，已经在任正非的头脑里形成，那就是：中国企业，不能仅仅满足于引进国外技术和代理国外产品；中国企业，也应该拥有自己的技术专利和独立研发的产品。

一向对科研念念不忘的任正非，在暗暗寻找时机。

任正非的性格底色是脚踏实地、吃苦耐劳，从来不会好高骛远、爱慕虚荣。但是，他对自己的现状并不满意。

他明白，"穷则思变"。同样的道理，"不满现状"，也意味着需要尽快去改变现状。

不是吗？哥伦布因为不满已有的海图，才去寻找并发现了新大陆；哥白尼因为不满神学的迷信，才敢于挑战神威，给世界带来一道"新的霞光"；布鲁诺因为不满"地心说"，才继续探索，发展了哥白尼的"日心说"；开普勒也是因为不满"日心说"，才会精察天理，揭示本原，朝着科学真理又迈进了一大步……

心动不如行动。一九九一年九月的一天，任正非在当时的深圳宝安县（今宝安区）蚝业村工业大厦，租下了一整层楼，作为华为的总部和研发基地。

他的这一举措，在当时无疑是一次"豪掷"。

或者说，是一次"豪赌"。

当时任正非的手上并没有太多的钱。能不能研发成功，说实话，他并没有百分之百的把握。包括他自己在内，几十名员工，几十张办公桌，还有几十个床位……工作，吃饭，睡觉，就连厨房、库房、操作间……都在这一层楼的不同隔间里。

技术研发，当然离不开专业人才。任正非自己是理工科出身，不乏科研情结，但他毕竟不是通信领域的专业人员。在准备大干一场之前，他早就四处打探，聘请来两位年轻的专业人才：一位是华中理工大学（今华中科技大学）的硕士郭平，另一位是清华大学的博士郑宝用。

任正非想象着，自己是亲临前线的一名指挥员，郭平与郑宝用就是负责打头阵的两员大将，后面跟着几十名武装齐备的士兵。负责日常生活的厨房人员等，就是他们的"后勤部"。

除了战斗，还是战斗。

除了胜利，没有退路。

一场艰苦的攻坚战，就这样开始了……

所有的人，包括任正非自己在内，几乎没有早晚、昼夜之分，也没有上班与下班的概念。

有的人甚至连续几个月，都没有走出大厦一步。

每一位员工的办公桌下面，都放着一张折叠床垫。实在累了、困了，就在地上打开床垫，躺一会儿、眯一会儿，恢复一下体力和精力。

后来，人们总结出来的华为的奋斗精神里，有一项必不可少的"床垫文化"，就是源于这个时期每人一张的简易床垫。这个诞生在华为创业早期的拼搏传统，一直延续下来。"床垫文化"所蕴含的顽强的拼搏意志、自强不息的奋斗精神，也成为华为永远不会消失的、宝贵的精神财富。

许多年后，任正非回忆这段拼搏岁月时，无限感慨地说道：

"华为有了规模发展后，管理转换的压力巨大，我不仅照顾不了父母，而且连自己也照顾不了，我的身体也是在那一段时间累垮的。我父母这时才转去昆明我妹妹处定居。我也因此理解了，要奋斗就会有牺牲。华为的成功，使我失去了孝敬父母的机会，也销蚀了自己的健康……"

确实，二十世纪九十年代初，任正非只有四十多岁，但因为操劳过度，忘我地工作，身体严重透支，看上去比实际年龄要"老"不少。有的员工觉得，就是从那时开始，任总的脸上开始写满了沧桑。

这场艰苦的攻坚战没有白打。

一九九一年十二月三十一日，当中国的千家万户都在迎接新年的时候，任正非和他的将士们，也沉浸在他们初战告捷的喜悦里。

这一天，华为自主研发的第一款程控交换机BH03宣告问世。从此，华为告别了只能做"产品代理"的历史。

一九九二年，华为在BH03问世后，乘胜追击，又研发出了HJD48型程控电话交换机。这一年，华为的销售额首次突破了一个亿。华为依靠"代理+自主研发"的模式，成功"活了下来"。

任正非尝到了自主研发的甜头，决定集中力量，主攻公用电话电信领域，开发局用交换机。终于，一九九三年初，被命名为JK1000的局用交换机研制成功，在市场上赢得了一席之地。然而，科技的发展瞬息万变，随着计算机技术的发展，交换机也进入了数字化的新时代，还在采用之前基于空分模拟技术的JK1000从诞生之初就开始落后了。

任正非也敏锐地察觉到了这种变化，推出JK1000之后，他又做出了一个惊人的决定：投资上亿元研制数字程控交换机。这一决定，关系着华为的生死存亡，也意味着华为将要面对更强大的对手，更残酷的竞争。

一九九四年，华为全力投入研发的C&C08数字程控交换机正式投入市场并获得成功。这款交换机达到了当时的国际先进水平，让华为有资格和国外的电信巨头站在同一起跑线上一较高下。C&C08数字程控交换机不断改进，后来成为国内公用电话通信网络中的主流设备，并且远销五十多个国家和地区，服务数亿用户，成为全球累计销量最多的交换机之一。

在这年的一次动员大会上，任正非以他一贯的军人风格说，近几年来，华为"胜则举杯相庆，败则拼死相救"的工作原则，"感召了多少英雄儿女一批一批地上前线"。在讲话最后，任正非对华为的明天，做出这样的展望：

马克思在一百多年前就告诉我们一条真理，我们要深刻地去理解它：从来就没有什么救世主，也没有神仙皇帝。中国要富强，必须靠自己。我们从事的事业，是为了祖国的利益、人民的利益、民族的利益。相信我们的事业一定会胜利，一定能胜利。

是的，在任正非的心目中，能在主战场上作战的，才称得上是主力军。他要率领华为，挺进世界通信设备的主战场，进入激战的阵地，去抢占科技战场的制高点……

昂扬的战马

辽阔的草原,是牛羊生长、骏马奔驰的地方;高高的雪山峡谷,是雪莲盛开、苍鹰翱翔的地方;广袤的沙海盐池,是坚忍的骆驼跋涉的地方;而狼烟四起的疆场,是战马嘶鸣、英雄驰骋的地方……

一旦进入了主战场,任正非就像一匹伤愈复出的战马,重新回到了自己期待和梦想已久的疆场,鬃毛飘飞,斗志昂扬!

商场即战场。尤其是在充满一场场激战的前沿阵地上,常见的是刀光剑影,而极少有光风霁月的日子。

可以有短暂的此消彼长,但是不能有半步的遁逃与退缩。

从一九八七年正式注册那天算起,到一九九五年底,华为用了不到十年的时间,员工人数扩增至一千七百多人,年销售额近十五亿元。

一九九七年,华为的产品开始多样化,除了电话交换机,还开启了光缆、无线通信、GSM(全球移动通信系统)等业务,并且飞速扩张。一九九八年,华为的年销售额超过七十亿元,跻身全国"电子百强"前十。而到了一九九九年,华为的年销售额已经突破一百亿元。

这期间,任正非率领的华为将士们所付出的艰辛与牺牲,实在无法一一道尽。那么,这其中有什么"秘诀"吗?难道真的像社会上传说的那样,有一种"华为密码"存在吗?

如果一定要说有什么"秘诀"和"密码",可能最为突出的,是在每一位华为人的心里,永远装着家国情怀。二十世纪九十年代,任正非在自己起草的一份《致新员工书》里,对新入职的年轻人,寄予这样殷切的希望:"公司要求每一个员工,要热爱自己的祖国,热爱我们这个多灾多难、刚刚开始振兴的民族。只有背负着他们的希望,我们才可能进行艰苦的搏击而无怨言。我们总有一天，会在世界通信的舞台上，占据一席之地。任何时候、任何地点都不要做对不起祖国、对不起民族的事情。"

一九九七年，在"东方之珠"香港回归祖国怀抱的前夕，任正非寄语华为的青年员工们："当代青年如何爱自己的祖国，如何报效生我养我的土地，与一百五十七年前（指一八四〇年的鸦片战争）一样，需要热血、勇气与牺牲的精神。从现在起，以后的十五年是我国历史性的关键时期，中国将走向繁荣富强。今天二三十岁的青年人，到时将是四五十岁，正成熟，将带领一代人担负起中华民族复兴的责任，献身于祖国的振兴事业……"

在任正非心目中，热爱祖国，报效祖国，决不是喊在口头的高亢口号和空洞的豪情，而是要"实干兴邦"，实实在在地贡献各自的力量。

这年九月十六日，任正非结合华为的企业性质，又以质朴的语言跟华为员工们讲道："真正热爱自己的祖国，就是要把祖国建设好，让国家综合实力大大提高，繁荣富强起来。'希望工程'就是让农村的失学孩子都能上学，民办教师待遇提高，这有利于加快国家建设。如果我们软件做得不好，我们只出去冲一冲，那么大市场就被别人占了，爱国就是空的了。我们要从别人手中夺过百分之十至百分之十五的国内市场，再争夺一点儿海外市场，我们每打赢一仗，就会让我们的父老乡亲多一碗饭，也可能多捐一点儿钱给'希望工程'，让更多的孩子多读一点儿书。"

在充满激战的主战场上打仗，每一次胜利，都会伴随着不为人知的艰难和牺牲。因此，一不怕苦、二不怕死、顽强拼搏、锲而不舍、不断进取的战斗精神，也是所有华为人的"精气神"所在。

一九九五年十二月二十六日，任正非在公司的年度总结大会上讲道："举几个例子，大家就知道有多难了。为了挽救一个地方的市场，我们市场部的高层领导获知重要客户在一个宾馆与爱立信公司洽谈，从吃了晚饭就等在大厅，直到深夜一点半，客户出来后，说了一句'没时间'就走了。我们一位博士，在首都机场迎接一个重要客户，由于飞机晚点，在寒风中等了四个小时。这位重要客户到了，看有人接他十分高兴，一问不是AT&T，扭头就走了。"

像这样的例子，在这个时候几乎是家常便饭。风餐露宿、披星戴月，算得了什么呢？

任正非形象地比喻说：在华为发展史上，正是有那些"强渡大渡河，爬雪山过草地"的默默无闻的英雄儿女，用青春的心血、力量、智慧写下了一个个可歌可泣的故事，才换来了华为在艰难征途上的一次次胜利。

在这一点上，任正非自己既是指挥员，也是战斗员。二十世纪九十年代，他每次去国外考察出差，都会肩扛手提，不辞劳苦地带回几大箱子资料。有时候到机场接他的车子，一辆车还装不下那些大大小小的资料箱子。他认为，这就是敬业和实干，是一种艰苦的付出。"胜负无定数，敢搏成七分。"这是任正非经常说的一句话。

作为华为这艘巨轮的掌舵人，任正非在选择干部进入管理层时，特别注重敬业精神、拼搏精神和献身精神，只会选择那些有责任心、有使命感，拥有敢打硬仗的强大执行力的员工进入管理层。

除了前面说到的内容，下面这两条，也是华为不断取得胜利的保障。

一是既要脚踏实地，愿意从一点一滴的小事做起，但又必须志存高远、目光远大，内心的格局要大。

华为人都知道这样一件"逸事"：据说有一名新员工刚到华为时，就公司的经营战略问题，写了一封"万言书"给任正非。任正非在"万言书"上面这样批复："此人如果有精神病，建议送医院治疗；如果没病，建议辞退。"任正非的意思是说：员工最基本的素质和能力是脚踏实地，从一件一件小事做起。

同时，任正非也反复强调，年轻人要志存高远，要培养自己的格局和胸怀。

任正非曾给员工们讲过一个"滴水观海"的哲理小故事：有两个年轻人在推石子，一个老人问他们在干什么。其中一个年轻人回答说，他在推石子；另一个年轻人回答说，他在修建大厦。几十年后，人们看到，一个人到老了还在推石子，另一个人却成了哲学家。

二是永远保持艰苦奋斗的进取之心,反对骄傲自满、小富即安的思想。

任正非是一个具有忧患意识和危机感的商业思想家,他常说一句话:"繁荣的里面,处处充满危机。"尤其是在华为走出了困境、进入上升期的时候,他认为,这时就更应该居安思危、枕戈待旦,随时准备投入新的战斗。

也因此,任正非一直努力把华为办成一所"大学校",办成一所没有固定场所的、流动的"华为大学"。就像军队是一座大熔炉一样,华为在改造人,也在培养、造就人。他希望,华为能培养出更多优秀的科学家、营销专家、管理者……

为了明确华为是谁,华为要做什么,任正非还特意邀请中国人民大学的六位教授,一起起草了一部《华为基本法》。任正非曾要求华为的干部必须学习《华为基本法》,他认为,只有读懂了《华为基本法》,才能跟上公司的节拍,融入公司的事业中。这部《华为基本法》从一九九五年萌芽,到一九九八年通过,每十年修订一次,成为华为的重要纲领,融入了每个华为人的血脉。

任正非对华为人身上都具有几分"狼性"的说法一点儿也不避讳。他曾说过:"狼是很厉害的,它们有灵敏的嗅觉,有很强的进攻性,而且它们不是单独出击,而是群体作战,前仆后继,不怕牺牲。"任正非希望,华为人能多一些这样的进取心和团队精神。因此,他也希望企业建立的各种机制,能吸引和培养出更多的"狼"。他说:"也许我们事先并不知道谁是狼,也不可能知道谁是狼,但有了这个机制,好狼就会主动找我,有了一头好狼,就会有一群好的小狼。"他想要的是能"群体作战"的"狼群"。

任正非还多次说到自己对华为内刊《华为人》提出的一个口号的欣赏:"烧不死的鸟就是凤凰。"他希望,每一个华为人都能禁得起时代的检验,禁得起任何大风大浪的考验,成为"浴火的凤凰",成为"真正有为的人",成为"不死的鸟"。

百折不挠

俄罗斯,是任正非从童年时代读到《古丽雅的道路》《钢铁是怎样炼成的》《卓娅和舒拉的故事》《金星英雄》等文学作品开始,就一直心驰神往的国度。

他曾多次率队去俄罗斯考察、参展,开拓俄罗斯市场。一九九六年,他率队去俄罗斯,参加第八届莫斯科国际通信展。回国后他在《赴俄参展杂记》里,这样袒露过自己真实的心迹:

我的青少年时代是生长在中苏友谊的"蜜月"时代,当时全中国都在宣传苏联的今天就是我们的明天。电影、文学作品都是对苏联建设的描写,

（我因此）受到了太多的苏联文化的熏陶。保尔·柯察金、冬妮亚、丽达、卓娅与舒拉、古丽雅……一直在引导我成长。

去年我还专门去购买了《教育诗》的录影带来观看。马卡连柯一代一代的奋斗，使俄罗斯人民有很好的文化素质与教养。怀抱着《钢铁是怎样炼成的》，我走完了充满梦想的青少年时代。俄罗斯是一个伟大的国家、伟大的民族……

他在经过了一番深入的考察之后发现，由三十多个国家的六百多家参展商组成的庞大阵容，都瞄准了俄罗斯潜在的巨大市场。因此，他对华为未来要开拓俄罗斯市场，有了自己的想法，他认为："（俄罗斯）目前在消费品上是比较困难，但一定会很快发展起来的。十年以后的俄罗斯，发展不可想象。"

也就是在这一年，华为选择了俄罗斯，作为真正进军海外市场的第一站。

但在相当长的时间里，俄罗斯的市场，就跟这里的冬天和夜晚一样，又寒冷又漫长。

一九九六年，除了深切地感受到了俄罗斯冰天雪地的严寒，他们在这里一无所获；一九九七年，仍然是一无所获；一九九八年，还是一无所获。

这时候，驻扎在俄罗斯的市场销售人员，不无悲观地自嘲道："我们这些华为训练出来的'狼'，现在都变成了冬眠的'北极熊'。"

面对如此绝境，任正非偏不信"邪"，毅然宣布：继续加大华为在俄罗斯的投入。

他知道，这个时候，又该他在华为一直提倡的百折不挠、顽强拼搏、敢打硬仗的精神发挥作用了！

一九九八年初，他下了一道命令，把正在负责华为湖南市场的李杰，调往俄罗斯开拓市场。

李杰是从西安交通大学毕业的一位高才生，一九九二年进入华为工作，是开拓湖南市场的一名年轻的"骁将"和"功臣"。他因敢打硬仗、能打胜仗而深得任正非的赞赏。

一九九九年，任正非在日内瓦参加世界电信博览会的间隙，对李杰说："如果俄罗斯没有了华为，你也不用回来了！"

百折不挠

这种下死命令的语气，是典型的"任氏作风"。

"军中无戏言。"李杰明白，任总的托付和期望，重若千钧！

强将手下，岂有弱兵？所以，李杰也没有多说，只回答了任正非一个字："好。"

李杰后来这样回忆他和战友们在俄罗斯绝地求生、锲而不舍的"作战"状态："我们马不停蹄，把俄罗斯的每一个地区都跑了一遍，竞争对手在滑雪、和家人团聚的时间，我们都用来攻取阵地……我们坚持了下来，并且告诉大家，华为还在，我们一直在努力……"

一九九九年这一年，谢天谢地，华为在俄罗斯总算是"开张"了，李杰终于接到了一份订单。

是多大份额的一份订单呢？三十八美元！

任正非接到从前方传来的这份三十八美元的"战报"时，多少有点欲哭无泪了。

伴随着这份"战报"而来的，还有一个信息：种种迹象表明，俄罗斯经济已然陷入低谷，本国货币大幅贬值，西门子、阿尔卡特、NEC等电信公司纷纷从俄罗斯撤走了投资，俄罗斯自己的电信市场投资也几乎停滞……

然而，就是在这样令人绝望的境况面前，任正非对俄罗斯市场仍然没有失去信心，更没有轻易放弃对这块市场的坚守与耕耘。

他想象着，俄罗斯森林和山冈上那些高大的橡树，只能在风雪严寒中成长，温暖的花盆里永远长不出如此高大的橡树。正是凛冽、严酷的环境，才使得每一棵橡树的根扎得更深、枝干变得更加粗壮有力，任你再大的雷霆，也动摇和摧毁不了这些顽强的橡树！他希望，华为的产品，一定要像高大的橡树一样，把根深扎在俄罗斯辽阔而丰沃的大地上，而不是栽种在温暖且狭小的苗圃里。

果然，锲而不舍地攻取、百折不挠地坚守，终于换来了一片牢固的阵地。

二〇〇〇年，华为在俄罗斯拿下了乌拉尔电信交换机和莫斯科MTS（俄罗斯移动通信系统公司）移动网络两个项目；二〇〇一年，华为又与俄罗斯国家电信部门签署了上千万美元的设备供应合同；二〇〇二年，华为取得了三千七百九十七公里的超长距离的光传输干线订单……

华为在俄罗斯的业务不断发展。到二〇一六年，华为在俄罗斯的电信市场苦苦奋斗了二十年，从最初只有一份令人哭笑不得的三十八美元的订单，到二十年后获得一千八百五十五公里长的海缆项目……

这份骄人的战绩，只是华为海外拓展史上的一个缩影。

一九九九年，华为在海外设立研发中心，开始和许多国际知名电信运营商合作，加快了国际化的步伐。

二〇〇〇年，华为开始在全球范围内推出自有品牌的移动通信产品。此时，3G（第三代移动通信技术）正在如火如荼地发展。有着敏锐嗅觉的任正非早在一九九八年就开始布局3G，很快，华为第一次能够与业界巨头同步推出3G产品，成为全球少数几个能够提供全套3G商用系统的厂商之一。靠着过硬的产品质量和技术创新能力，以及"以客户为中心"的服务理念，华为一步步扩大了全球市场的份额。

二〇〇五年，华为的海外销售额首次超过了国内销售额。

二〇〇六年，华为已经成功打入北美、日本、欧洲三大发达地区的3G设备市场，产品开始陆续进入并逐渐占领移动通信发达地区的市场。

二〇一二年，华为超过爱立信，成为全球最大的电信设备供应商。

成了电信设备"老大"的华为并没有止步。在二〇一一年，任正非就开始调整战略，致力于让华为从以电信为主的设备制造商转型为全能型的IT（信息技术）供应商。也是从这时候起，华为的业务逐渐分为三大部分：提供通信服务的运营商业务，为企业提供服务的企业业务，还有面向消费者的终端业务。前两大业务主要面向企业，不太被大众关注，而我们熟知的面向消费者的华为手机业务，其实只是华为庞大商业版图中的一块。

二〇一二年，华为的营业收入大约为两千亿元，二〇一〇年刚刚进入"世界五百强"公司的行列，但任正非充满信心地说："在未来十年内，华为不仅要成为技术领先者，还要成为一家营业收入高达一千亿美元的科技公司，与思科、惠普、IBM（国际商业机器公司）等西方科技巨头比肩。"任正非的豪言壮语，当时听起来有些像"画饼"，但谁能想到，这些"画的饼""吹的牛"，后来都一一实现了。

纵观全球移动通信的发展，1G（即第一代移动通信技术，"G"是"代"的意思）时代国内几乎是空白；2G、3G时代美国企业傲视群雄，华为步步追赶；到了4G时代，美国企业仍然领先，但以华为为代表的中国企业已经成为4G标准的制定者之一；而5G时代，华为已然成了"领头羊"。

二〇一九年，华为全年销售收入达到一千二百二十九亿美元。如今的华为，作为全球领先的信息与通信基础设施和智能终端供应商，拥有二十万七千名员工，遍及全球一百七十多个国家和地区，为三十多亿人提供服务……

温暖的苗圃里，栽种不出高大的橡树。华为在全球市场中经受着冰雪严寒和风暴霹雳的考验，百折不挠，终于长成一棵参天大树。

谁是华为的英雄

毫无疑问，无论是在所有华为人的眼里，还是在公众的心目中，任正非都是一位勇往直前的中国硬汉，一位科技报国的时代英雄，也是一位具有霹雳风格、永不言败的商业思想家。

作为华为的创始人和掌舵人，他从华为诞生那天起，就在企业文化里倡导和弘扬一种敢于进取、敢于拼搏、敢于担当、敢于牺牲，更敢于去争取胜利的英雄精神。

那么，谁是华为的英雄呢？

在任正非心目中，英雄不是他个人，也不是少数的几个高管，而是推动华为前进的广大员工，他们才是真正的英雄。

回顾华为走过的道路，任正非动情地说："没有他们含辛茹苦的艰难奋战，没有他们的'一把炒面，一把雪'；没有他们在云南的大山里、在西北的沙漠里、在大兴安岭风雪里的艰苦奋斗；没有他们远离家人在祖国各地，在欧洲、非洲的艰苦奋斗；没有他们在灯红酒绿的大城市，面对花花世界而埋头苦心钻研，出淤泥而不染，就不会有今天的华为。"

有一次，在听取华为春节慰问团的工作汇报时，任正非又讲到了奋战在前线阵地上的员工的付出与牺牲：

"（他们）不管冰天雪地、赤日炎炎，在白山黑水、在崇山峻岭中，没有日夜的概念，终年奔波在维修、装机的路上，用户的需要就是命令。严冬里由于大雪堵死了道路，在零下二十多摄氏度的车上一困就是七八个小时；烈夏时挤在蒸笼般的超载的长途车中；大年三十爬上高高的铁塔，为了维修我们在研发、生产中的一点点疏漏；当我们坐在温暖的办公室内，他们却因为赶不上车，只能在车站外徘徊……"

在任正非心中，这些任劳任怨的奋斗者，都是值得尊敬的无名英雄。他还有一个形象的比喻："华为的光辉是由数千微小的萤火虫点燃的。"他在悼念一位意外遭遇车祸而去世的员工的文章《悼念杨琳》里，这样写道："萤火虫拼命发光的时候，并不考虑人们是否看清了它的脸，光是否由它发出。没有人的时候，它们仍在发光……华为是由无数无名英雄组成的，而且无数的无名英雄还要继续拥入，他们已在创造历史……当我们的产品覆盖全球时，我们要来纪念这些为华为的发展贡献了青春与热血的'萤火虫'。"

正是因为把每个人都看成英雄，华为制定了一系列独特的制度。

在管理层面，二〇〇四年，华为在全球迅速扩张，为了发挥众人的智慧，任正非主张分权、放权，开始在华为推行经营管理团队主席轮值制度，由八位领导轮流执掌华为，每人半年，如此循环。后来，又由此发展出了CEO（首席执行官）轮值制度以及如今的董事长轮值制度。

任正非这样总结轮值制度的好处："一、让公司长期保持新鲜感；二、保持干部稳定性；三、下台期间就是他准备再次上台的'充电时间'。"

在员工层面，华为并不提倡员工"无私"奉献，而是提倡奋斗，用远远超过同行的薪酬激励每一位员工发挥潜力，成为"英雄"。华为没有上市，而是让员工持有公司的股份：据几年前的统计，华为百分之九十八点六的股份都归员工所有，任正非本人所持的股份仅仅占百分之一点四，并且逐年下降，如今已经不到百分之一。员工入职达到一定年限，就可以持有华为的股份，享受企业效益增长带来的分红；一旦离职，就不能再持有华为股份，但仍然可以将股份兑换成现金，一分不少。截至二〇二二年底，已经有超过十四万员工持有华为的股份。这种体制设计，在全球都是独一无二的。

任正非认为，这样的股权结构是华为能够领先同行的重要原因。"华为的员工也是公司的所有者，因此他们往往会着眼长远，不会急于套现。"他为这样的制度而自豪，以至于有人问他："你现在在华为主要干什么？"他只用了两个字来回答："分钱。"

基于华为的发展历史和战略需要，任正非认为，华为的现金流充足，不需要上市集资，也不需要通过上市来实现业务扩张。不上市，反而能够按照自己的战略，一步一个脚印地走。他说："不上市，就可能称霸世界！"这是怎样的豪迈气概、广博胸襟和战略眼光！

不走捷径，迎难而上。真正的雄鹰，总是盘旋在最艰险的峡谷、最峻峭的峰巅；只有在那无比壮丽的高山之上，才能盛开出同样壮观的藏波罗花和风骨凛然的雪莲。

父爱无声

在众人眼里，任正非是华为的掌舵人，是打不死的硬汉，但硬汉也有柔软的一面。

女儿孟晚舟从小就是任正非的"心头宝"。然而，自从女儿出生后，基建工程兵的工作性质决定了他一直居无定所，能陪伴女儿的时间总是很少很少。小晚舟也经常在多地辗转，大部分童年时光，是跟外公、外婆一起度过的。

父母亲离异后，原本完整的家庭破碎了，父亲又处在忙碌的创业阶段，对孟晚舟更是很少能照顾到了。

这时候，孟晚舟被奶奶接到了贵州都匀读小学。

贵州山区的经济状况一直比较落后，孟晚舟的小学时代，和父亲、姑姑、叔叔的小学时代一样，也是在艰苦和简陋的环境中度过的。

"记得有一次吃晚饭的时候，因为饭桌上没有肉，我一下就钻到桌子底下，把饭桌掀翻，不仅自己不吃，还不让别人吃。"孟晚舟曾这样回忆当时的生活。

那时候最让她头疼的事，就是每天晚上的数学作业。她可以轻松地写出一篇作文，但那些数字和公式，对她来说，近乎天书。有时，连经常辅导她做数学作业的奶奶，都会对她失去耐心。奶奶还经常和她开玩笑："非非怎么养了这么一个笨女儿！"

任正非初到深圳创业的日子里，也曾把孟晚舟接到深圳生活了一段时间。这时，已经懂事的孟晚舟，亲眼见证了父亲创业时的窘迫。当时，他们家住在漏雨的房子里，深圳又经常下雨，时常外面下大雨，屋里下小雨，在四面透风的屋子里，除了"风声雨声声声入耳"，连隔壁邻居说的话都能听得清清楚楚。

初中阶段，孟晚舟又回到贵州，在爷爷担任校长的都匀一中就读。从小更喜欢拔笋子、抓蚱蜢、剜野菜和在山野中疯跑的晚舟，实在是与"学霸"无缘。转到都匀一中就读后，第一次参加考试，她竟然考了个倒数第一！

多年以后，孟晚舟回忆起在都匀一中的读书经历，这样写道：

"那个时候爷爷是都匀一中的校长，奶奶是都匀一中的数学高级教师，我真不知道我的倒数第一给爷爷奶奶带去了怎样的'荣誉'，现在想想真的很惭愧。

"这也是我为什么一直想读博士，我一直都希望爷爷奶奶终有一天能以我为傲，就像爸爸一九九九年在爷爷坟前说的，等我拿到博士毕业证后，一定要记得烧一份给爷爷。"

高中阶段，孟晚舟从贵州都匀转到深圳就读。幸运的是，"学渣"也有"逆袭"的时候。经过一番发愤苦读，孟晚舟总算为自己身为中学名校校长的爷爷"找补"回来几分荣誉。一九九三年，孟晚舟从深圳大学毕业，成为继祖父、父亲之后，任家的第三代大学毕业生。

大学毕业后，孟晚舟还计划出国留学，好不容易拿到了录取通知书，却因为英语不好，被拒签了。

这时候，父亲给了她一个建议：可以先来华为"打打杂"，学一点儿谋生技能。于是，父亲有意帮她隐藏起真实身份，让她进了发展壮大中的华为公司。

这个年轻、漂亮的女大学生，干的确实是打杂儿的工作。文件打印，电话转接，展览会务安排，煮咖啡，端茶水……她都干过。

如果有谁在一九九三年这一年里，给华为公司打过客服电话，那么，为他转接电话的人，很有可能就是二十出头的孟晚舟。

只是，没有谁知道，这个声音热情、清亮，亲切的电话接线员，竟然是华为老总任正非的女儿。

孟晚舟是华为早年仅有的三个秘书之一。那时候，公司的总机电话就已经开始有点繁忙了，一张像办公桌那么大的面板上，排列着密密麻麻的信号键盘，只要有电话打进来，信号灯就会不停地闪烁。

刚开始当接线员时，孟晚舟手忙脚乱，还曾转错过不少电话。但她一直记得父亲对她的鼓励和教导："不要着急，慢慢来就会做好的。"父亲还告诉她，社会阅历、人生哲学的第一条，就是对人要有认识，打印文件，煮咖啡，端茶水，为同事们服务，看似是一些简单的小事，却有助于积累工作经验并培养务实、勤恳和实干的精神。

一九九八年，孟晚舟取得华中理工大学（今华中科技大学）财务专业硕士学位后，继续回到华为公司，从行政部门转到财务部门，从最基础的财会岗位做起。

此后，她充分发挥自己的专业能力，为华为的发展壮大做出了很大的贡献。华为前期一些重大的财务改革方案，就是年轻的孟晚舟率先提出来的。

像华为公司里许许多多的青年奋斗者一样，孟晚舟凭着自己付出的智慧与汗水，凭着一股自强不息、勇往直前的拼搏精神，从最初的一名普通的员工，一步一步做到了公司财务部门的高级主管。

二〇一一年四月十七日，华为公司在自己的官方网站上首次公布了董事会及监事会成员名单。孟晚舟成为新一届董事会成员，并出任公司常务董事、CFO（首席财务官）。

二〇一三年，当孟晚舟首次以华为首席财务官身份与媒体见面时，当年那个对着不断闪烁的电话信号灯光手忙脚乱，额头上冒着亮晶晶汗珠的青涩女孩，已经蜕变成了一位落落大方、自信坚定、意气风发的职业女性。

有媒体戏称，她是任总在华为"藏了二十多年"的一个"大秘密"。对此，孟晚舟风趣而又自信地说出许多至今仍然为人津津乐道的"金句"：

"不拼爹，不拼妈，一切看贡献和能力。

"在华为，没有什么不可告人的秘密。

"我爸说过，讲一句谎话就要用十句谎话来掩盖它，平凡人的能力就是讲真话。"

又过了五年，二〇一八年三月二十三日，经华为持股员工代表会投票选举，孟晚舟出任华为副董事长，后来又担任轮值董事长。

至此，一个曾经站在离父亲很远的地方的女孩，一步步走到了父亲身旁，站到了和父亲一起的华为领导者团队的位置上。她脚踏实地、默默地走

父爱无声

了二十多年，从一名刚刚走出校门的大学生，变成了一位令全球瞩目的杰出的企业领导者。

父爱如山，父爱无言。

任正非曾经遗憾地说，因为工作忙，对孩子有很多的亏欠。在孟晚舟成长的路上，父亲任正非更多的时候，是在一旁默默地守护，满怀欣慰地注视着她取得一点一滴的进步。

任正非从来没有因为孟晚舟是自己的女儿，而试图把她应该付出的那份青春的艰辛给省略掉。

在他心目中，孟晚舟是他的女儿，也是这一代中国青年中的一员，是进入华为的无数年轻的员工和奋斗者之一。本应该是由她自己去摸索、闯荡的路，一步也不能少，没有任何捷径可走。

任正非还经常说这样一句话：华为没有任何可以"依存"的特殊关系，华为唯一可以"依存"的，是那些奋斗的、无私的、自律的、有技能和有才能的人。

谁言寸草心

任正非很小的时候,母亲就教他和弟弟妹妹们背诵过唐代诗人孟郊的《游子吟》:"慈母手中线,游子身上衣。临行密密缝,意恐迟迟归。谁言寸草心,报得三春晖。"

任正非从小到大,一直从心底里感念父母亲在艰辛的年月里对他和弟弟妹妹们的哺育和教育之恩。

但是,让他总是心怀歉疚和愧痛的是,"忠孝难以两全"。从他去外地读大学,到参军入伍、远离家乡,再到转业后去深圳忙于创业……他在双亲身边度过的时间总是那么少,没能好好地照顾和服侍他们。也许,在他心里总是抱着"还有机会,还有机会"这样的想法吧。

孰料，"子欲养而亲不待"这句古话，也在他身上应验了。

当他有了足够的能力可以照顾年老的双亲，可以让两位老人过上幸福无忧的日子的时候，父母亲却相继离开了人世……这是刻在任正非心中永久的愧与痛！

所以，他在自己的回忆文章里，在对华为管理层和员工们的演讲中，多次讲到这样的话：

"我对得起国家、对得起公司、对得起员工，我就是对不起我的父母。

"我自问对国家无愧、对公司无愧，唯独对父母有愧。为了公司的发展，我牺牲掉我作为儿子的尽孝责任。"

这也是他最真实和最痛苦的心里话。

"谁言寸草心，报得三春晖。"父母亲不在了，任正非明白，自己更要加倍努力地为国家工作，为中华民族多做贡献，把无法给父母"尽孝"的那份愧痛，转化成对国家、对民族的"尽忠尽力"的付出。也许，这就是他心目中最好的"弥补"，也是深明大义的父母期望的"孝与爱"吧。

此外,在父母亲谢世之后,任正非也一直想着为父母亲所热爱和奉献毕生的教育事业,做一点儿具体的事情。

母亲去世,在处理后事时,任正非的妹妹告诉他说,母亲一直担心他会破产,所以平时仍然省吃俭用,悄悄给他积攒了一笔钱,足足有十万元。任正非明白,那是父母亲一辈子的积蓄。

最后,任正非和弟弟妹妹们商定,就用父母二人省吃俭用留下来的这笔积蓄,设立一个以双亲名字命名的"摩逊-远昭教育基金",用以帮助和支持山村中小学教育事业。

二〇一四年六月二十六日,在贵州省都匀一中校庆前夕,都匀一中校长等一行四人,专程来到深圳,与任正非见面,商量具体事宜。

任正非的父亲任摩逊曾在都匀一中担任校长,母亲程远昭也曾在都匀一中担任多年数学教师,都匀一中也是任正非的高中母校。

这次见面,任正非和母校领导商定了三件事:

一是邀请世界一流的建筑设计师,帮助母校完成建设规划，希望通过杰出建筑师的参与，提升都匀一中的文化内涵和影响力；二是聘请国家功勋科学家或国内知名院士，为母校的"校门石"题词，作为对未来一代代都匀学子的激励；三是从二〇一四年起，以"摩逊-远昭教育基金"名义，每年向母校捐赠十万元的图书采购费，用以学校图书馆的建设，鼓励新一代学子热爱阅读，传承和发扬"知识就是力量"的尚学美德。

这件事，是任正非的"寸草春晖"，包含着他对父母亲毕生无私奉献的美德的感念，对父母亲一生兢兢业业的教育功德和养育之恩的感念与报答。

当然，自从创立华为以来，任正非对中国教育界，尤其是对全国各地寒门学子的支持与资助，几乎每年都在进行。

例如，早在一九九七年，华为就率先向教育部捐献了两千五百万元"寒门学子基金"。

当时，在设立这项专门基金的名称上，华为内部争论不小，有的管理者和员工还跟任正非建议说，不要叫"寒门"，应该叫"优秀"。任正非自己就是寒门出身，当然深知每一个寒门学子背后的那个家庭的艰辛与不易。所以，他希望设立这样的基金，能真正起到为寒门学子雪中送炭的作用。

再如，二〇一九年，重庆大学迎来九十周年校庆之时，一些杰出校友纷纷向母校捐赠钱与物，表达对母校的感恩之情。

任正非的大学母校重庆建筑工程学院并入重庆大学后，重庆大学自然也把任正非视为杰出校友。为庆祝母校建校九十周年，任正非也慷慨解囊，向母校捐赠了一百架钢琴。

任正非并非艺术家，为什么要捐赠一百架钢琴呢？

对此，他有自己的想法。他说，他的初衷是希望重庆大学不再仅仅给人以理工科大学的印象，而是能逐渐恢复到建校之初的文、理、艺、体并重的综合性一流大学的样子，而新一代学子们都应该有自己的"诗和远方"，具有"博雅"的素质。这些钢琴如今遍布重庆大学的校园，深受师生们的喜爱，很多在校的学生都爱在繁忙的学习之余，坐在钢琴旁弹上几曲。

其实，不只是重庆大学，任正非多年来还对很多中小学进行过捐赠。他的一个最朴素的想法就是：再穷也不能穷未来，也不能穷老师。老师们的教学条件好了，格局大了，才能教出好的和有格局的学生来；而每一个学生，都是国家的未来、民族的希望。他坚信，只有孩子成长好了，国家才有未来，我们现在的努力，也才更有意义。

当然，任正非的"寸草心"不仅仅体现在对祖国教育事业的支持。多年以来，华为一直是民营企业中纳税最多的企业之一。在二〇一七年的一次华为内部总结大会上，任正非表示："我们的个人主义就是要创造价值，为国家做出贡献，至少给中国政府缴了三千亿的税。我们的集体主义就是国家主义。"

作为中国科技企业的一面旗帜，华为一直热心于公益事业，却很少向外界宣传，很多时候，人们只能从华为的年报中找到一些蛛丝马迹。查阅华为年报，可以看到，华为近几年每年都有数亿元的捐款金额。此外，每当国家发生重大灾害，华为都会尽最大努力抢修设备，保障灾区的通信畅通，为救援行动提供帮助。

打不垮的"上甘岭"

作为华为的掌舵人,任正非时刻保持着忧患意识和危机感。中华民族数千年来养成的居安思危、枕戈待旦、闻鸡起舞的宝贵品质,在他身上体现得淋漓尽致。

二〇〇〇年,华为公司年销售额达到二百二十亿元,利润额达到二十九亿元,名列全国电子信息企业百强的首位。在这样的背景下,任正非却发表了一篇著名的文章——《华为的冬天》,向所有的华为人谈他心中的忧患和危机感。他用"泰坦尼克号"是"在一片欢呼声中出的海"做比喻,告诫每一位华为人,尤其是干部们说:

"现在是春天吧,但冬天已经不远了。我们在春天与夏天要念着冬天的问题……IT业的冬天对别的公司来说不一定是冬天,而对华为来说可能是冬天。华为的冬天可能来得更冷一些。我们还太嫩,我们公司经过十年的顺利发展,没有经历过挫折;不经过挫折,就不知道如何走向正确的道路。磨难是一笔财富,而我们没有经过磨难,这是我们最大的弱点。"

任正非的预感和预言,在后来多次应验了。随着华为的不断发展与壮大,在世界各地市场的快速拓展,它所遇到的困难和危机也越来越大。

也因此,从小就读过志愿军坚守上甘岭的英雄故事,后来又在部队里经受过多年的锻打和淬炼的任正非,时常以"坚守上甘岭"做比喻,激励华为人百折不挠、奋勇向前。

在他心目中,"上甘岭"可以没有炮火,没有硝烟,但"上甘岭"永远是一块英雄的阵地,是中华儿女不屈不挠,像钢铁般坚韧的精神与意志的象征,是任何力量也攻不破、打不垮的!

他也坚信,只要所有的华为人齐心协力、敢于拼搏、勇往直前,属于华为的"上甘岭",也是任何力量都攻不破、打不垮的!

二〇〇二年,任正非在跟苏丹、刚果、贝宁代表处的员工们谈话时说:"上甘岭一定会出很多英雄……英雄将来不一定会成为将军,但将军一定曾经是英雄。"

二〇〇七年,他与在委内瑞拉工作的华为员工座谈时,有的员工问他:"我们这里算不算上甘岭?"他说:"上甘岭不是一个普通的地名,它应该是你心中的一个象征。什么是上甘岭?你的心中有上甘岭,它就是上甘岭……风华正茂的时代,只要你肯努力,任何一个地方都是上甘岭。"

他还时常讲到高尔基作品中的英雄丹柯。

他想象着,越是在黑暗时刻,就越应该像丹柯一样,不惜把自己的心拿出来燃烧,穿透黎明前的黑暗,照亮后人前进的道路……他相信,正义和真理,胜利的曙光,终归是任何黑暗也阻挡不住的。

二〇一一年,日本地震和海啸引发福岛核电站泄漏,那一刻,所有的人都慌乱地往外跑,而有一个年轻人,却逆着人群,往核电站的方向跑。这个年轻人,是负责福岛地区基站维护的华为员工。他在爆炸中受了重伤。

任正非得知这件事后，找到这个年轻人，疼爱地问道："傻孩子，那个时刻，所有人都朝东跑去逃命，你才二十来岁，怎么不顾性命地往西跑呢？"

年轻人回答说："董事长，我们华为的基站在西边，我们早点去抢修好了，让信号畅通，才可以救更多人啊！公司的价值观之一，不就是'以客户为中心'吗？"

听了年轻人的话，从来不肯轻易掉眼泪的任正非也红了眼眶。他说："孩子，你给我记住了，你还这么年轻，以后再遇到自己的生命与公司的价值观发生冲突的情况，首先要保住的是自己的性命，没有什么东西比生命更高贵、更宝贵！"

年轻人听完任总这句话后，也忍不住哭了。

离开后，他小声地对搀扶着他的两位华为同事说："任总嘴上这样说，一旦到了同样时刻，他肯定比我冲得还快！"

看，这就是华为人！在地震、海啸引发福岛核电站泄漏的日子里，华为的工程师们穿上防护服，冒着生命危险逆行，在两周内抢修和恢复了六百多个通信基站。

孟晚舟也是在这个时刻，从中国香港奔赴日本的。当时，整架飞机上只有两名乘客，机组人员反复向她确认，是否错登了航班，孟晚舟微笑着回答说："没有错。"

任正非在给大家讲述这些故事时，动情地说："华为人不是见到灾难就逃跑，而是为了人类安全，迎着灾难向前进。"

还有一个小故事是这样的：在智利遭遇8.8级大地震的时候，华为有三名年轻的员工，在地震中心区失去了联络。当时，公司准备派抢险队去抢救这些员工，询问任正非的意见。

任正非认为，地震的余震还在，如果这时候派队伍进去，会遭受更大的灾难，暂时只能耐心等待失联员工的消息。

果然，没过多久，失联员工的第一个电话就打给了他们的主管，报告哪个地区的微波站坏了，他们三个人正背着背包，去抢修这个微波站。

事后，任正非特意去看望了这三名年轻员工。

刚好，智利的首富送了任正非一箱非常名贵的葡萄酒，任正非就把这箱葡萄酒赠送给了三个年轻人。

华为的业务遍布全球，包括很多条件艰苦的地区，任正非说："大家知道，非洲不仅有战争，而且是传染病频发的地区，我们有很多员工都得过疟疾，大量员工在这些疾病肆虐且贫穷的地区穿梭……这些事情也可以说明，我们不是上市公司，不是为了财务报表，我们是为了实现人类理想而努力奋斗。不管条件多艰苦，我们都在努力。"

任正非在日常谈话里，经常使用"战士""英雄""将军"的概念。在任正非看来，战士和英雄的价值，在于敢去攻打和坚守上甘岭，所以，战士和英雄"不追求完美，只要能战斗"；而将军的价值在于能驾驭航母，既要能带兵打仗，又要有战略决策和管理能力。当然，将军不是天生的，"将军是打出来的"，身经百战，在无数次的硝烟炮火中出生入死，到最后，打不死的战士就成了将军。

任正非认为自己就是从一位身经百战而没有被打死的战士，变成的将军。他个人也到过珠穆朗玛峰南面海拔五千二百米的地方，去看附近村庄的基站。二〇一七年，任正非与尼泊尔代表处员工座谈时说："我承诺，只要我还飞得动，就会到艰苦地区来看你们，到战乱、瘟疫地区陪你们。"

"我若贪生怕死，何来让你们英勇地冲锋陷阵？"这是任正非给年轻的将士们讲过的话。

正是有这样新一代年轻的英雄儿女，坚守在我们心中的"上甘岭"上，胜利不属于我们，还能属于谁呢？

突破重围

随着华为的崛起与突飞猛进，它成为一些人眼中的假想敌，他们试图把华为从全球市场中挤出去，如同当年在朝鲜战场上轰炸上甘岭阵地一样，彻底打垮华为，而芯片，就是他们最核心的"武器"之一。

要知道，芯片产业是一个全球化分工高度发达的产业，没有哪家公司可以脱离全球化，独立生产芯片。芯片产业分为三大模块，分别是芯片设计、芯片代工、芯片封装。在芯片设计和芯片封装领域，中国企业都有极强的实力，只有在芯片代工领域有所欠缺，竞争对手们抓住这一薄弱环节，对华为发起了"猛攻"，许多供应商停止为华为提供芯片。

面对猛烈的"炮火",华为无疑到了生死存亡的关键时刻,但任正非和华为人的心中有一个共同的信念:烧不死的鸟就是凤凰,磨难只会让华为变得更强。这么多年来,任正非要求华为的战友们,把开辟出来的每一块阵地、每一片战场,都坚守成"打不垮的上甘岭",这可不是说着玩的,而是一种铭刻在骨子里的火辣辣的誓言!

一千多个日日夜夜里,任正非带领着华为人,凭借自身的技术实力和创新能力,越战越勇,最终突破了铁桶般的重围,重新夺回了市场主动权。

那么,任正非和华为人是如何做到的呢?

如果仔细讲来,这可能是世界科技史、商业史上的一个教科书级的案例,足以单独写成一部厚厚的教材。但在这里,我们只能简单地做一点儿浅浅的描述。

面对重重围困和打压,任正非一开始就幽默地表示,他要感谢对手,所有华为人因此有了更加强烈的危机意识,大家空前地团结、奋进。抱着这样乐观无畏的心态与必胜的信念,华为展开了一场英勇顽强的抗争：你打你的，我打我的，在芯片技术研发上下功夫，寻求突破和创新。

为此，华为以破釜沉舟的胆识，投入了巨大的资金和人力，加大技术研发的力度。从二〇二〇年到二〇二二年，仅仅三年的时间，华为就累计投入了四千四百亿元用于技术研发。这相当于每天要"烧"掉四亿元！

四千四百亿元，这是一个何其惊人的数字！任正非为华为制定的目标非常具体和清晰：在芯片技术上实现自主可控，不依赖任何外部的供应商。

二〇一九年五月十七日凌晨，华为旗下的海思半导体公司的总裁何庭波发布了《海思总裁致全体员工的一封信》，信中写道："多年前，还是云淡风轻的季节，公司做出了极限生存的假设，预计有一天，所有美国的先进芯片和技术将不可获得，而华为仍将持续为客户服务。为了这个以为永远不会发生的假设，数千海思儿女，走上了科技史上最为悲壮的长征，为公司的生存打造'备胎'。"

何庭波也如同任正非一样，以豪迈的语言鼓励每一位"战士"："前路更为艰辛，我们将以勇气、智慧和毅力,在极限施压下挺直脊梁,奋力前行!滔天巨浪方显英雄本色,艰难困苦铸造挪亚方舟。"

这封信发出后,原本在大众眼里默默无闻的海思一夜成名。所谓"备胎",其实就是"战略备份",别人不让用的时候可以用自己的;"备胎转正",意味着华为之前为芯片所做的一切准备,将要接受真正的考验。而华为为了"这个以为永远不会发生的假设",早已"备战"了十几年甚至更久。

其实,正如一位华为高管所说,海思自称"备胎"更多出于谦虚,在一向坚持自主研发的华为,海思绝对不是"备胎",一直都是被高度重视的"主胎"。

海思公司成立于二〇〇四年,前身是创建于一九九一年的华为集成电路设计中心,专门负责芯片的自主研发。当时国内的芯片技术远远落后于国外,芯片研发投入巨大,收益却未知。在普遍认为"造不如买"的环境下,任正非却超前地意识到了芯片的重要性,并且预见到随着华为不断发展,供应链问题会越来越严重,必须坚持"两条腿"走路，所以，华为一方面和世界上最先进的半导体公司合作，一方面也决不放弃自主研发。

据说，在海思成立之初，任正非找到何庭波，告诉她尽管安排研发，大力招人、花钱，还给海思划拨了四亿美元的经费，要求何庭波一定花完。十年时间，海思投入的研发经费合计高达一千六百亿人民币。在成立之后很长的一段时间里，海思一直没有盈利，但任正非并没有停止"烧钱"，甚至在海思相继推出一些性能并不尽如人意的芯片时，依然全力支持，让华为的部分手机搭载海思芯片。因为他坚定地认为，一项技术只有大规模使用，才能不断改进。

二〇一四年，海思设计的第一款以"麒麟"命名的芯片问世，帮助华为手机打开高端市场。十年磨一剑，海思设计的芯片终于达到了全球领先水平，并且一路高歌猛进，帮助华为手机出货量在二〇一九年跃居世界第二，仅次于三星。

任正非这么定位海思："海思是华为的一支助战队伍，跟着华为主战队伍前进，就如坦克队伍中的加油车、架桥机、担架队一样。"也正是依靠这样的战略眼光和战略定力，海思的芯片技术才能不断提升，具有"备胎转正"的实力。

不光芯片这样的硬件要突破，软件同样也要"硬"。

二〇一九年六月，谷歌正式停止让华为使用谷歌移动服务，这使得海外用户购买了华为的新手机，却不能下载常用的应用软件，也无法获得相应的服务，导致华为手机在海外市场上失去了竞争力。

仅仅两个月之后，八月九日，华为就正式发布了自己的操作系统——华为鸿蒙系统。华为之所以能如此迅速地做出反应，同样是厚积薄发的结果——早在二〇一二年，在任正非的领导下，华为就开始规划自有操作系统了。他在著名的"2012实验室讲话"中说："我们做操作系统，和做高端芯片是一样的道理。主要是让别人允许我们用，而不是断了我们的粮食。断了我们粮食的时候，备份系统要能用得上。"这背后，同样是超前的战略眼光、危机意识，无数人经年累月的"攻坚"和"备战"。

二〇二〇年八月，有媒体报道，华为已经启动了"南泥湾项目"。"南泥湾"这个名字让人想起抗日战争时期，八路军在南泥湾开展的大生产运动，它的精神内核是"自己动手，丰衣足食"。取名"南泥湾"，也宣告了华为自救的决心与策略。

为了活下去，华为还不得不"壮士断腕"，出售旗下的手机品牌——荣耀。荣耀最初是华为面向年轻市场推出的手机品牌，以高性价比著称，它为华为手机销量达到全球第二、中国第一立下了汗马功劳。二〇二〇年十一月十七日，荣耀正式脱离华为，成为一家独立的公司。失去荣耀的华为，手机业务一落千丈，但出售荣耀获得的数百亿资金却可以投入研发，让华为"回血"；而离开华为的荣耀，可以使用全球最好的技术，采购最新的设备，推出更先进、更具竞争力的产品，继续在全球市场上"厮杀"。

除此之外，华为还主动出击。作为5G技术"领头羊"的华为，持有的有效授权专利数量超过十万件，5G专利数量全球第一。利用手中这些数量惊人的专利，华为可以向使用专利的企业收取专利费，并且对侵犯华为专利的企业提起诉讼，坚决维护自己的知识产权……

悲观一点儿说，这是一条短期的自救之路，但是从长远角度乐观地看，这也是华为未来的一条腾飞之路。

"我们没有退路可走！"这是任正非常说的一句话。这条路，无论有多艰难、多崎岖，沿路有多少意想不到的荆棘、陷阱和埋伏，都必须勇往直前！

苦心人，天不负。面对连天的"炮火"，任正非带领着华为人，不仅守住了"阵地"，还在5G通信技术、人工智能、云计算等领域，实现了突破。

例如，华为在操作系统方面，实现了对安卓的替代。二〇二一年六月，华为自研的鸿蒙系统正式"登陆"手机等移动终端，这个操作系统是一个全新的"面向全场景的分布式操作系统"，以手机操作为主，可以跨平台运行，支持手机、平板电脑、汽车、智能家居等多种设备，打破了硬件的约束，实现了迈向万物智能互联的重要一步。鸿蒙系统问世后，它的性能和安全性很快得到了业界的认可，逐渐形成了和安卓、ios操作系统三分天下的局面。截至二〇二四年一月，鸿蒙系统已经升级到第四代，全球有超过八亿台设备搭载了鸿蒙系统，而且数量还在不断增加中。

再比如，华为在企业管理系统方面，实现了对SAP（思爱普）的替代。

SAP是德国的一家软件公司，他们的ERP（企业资源计划）系统是全球企业管理的标准，世界五百强公司中有将近百分之八十的公司使用SAP公司的软件，SAP更是ERP软件的代名词。为了降低风险，不依赖外部技术，华为自主研发了自己的ERP系统——MetaERP。这是一个基于云计算和人工智能的企业管理系统，不仅能实现企业的数字化转型，也能提高企业的效率和竞争力。MetaERP系统在华为内部成功运行后，也开始为外部客户提供服务，很快就受到海内外数千家大型企业的欢迎。

除此之外，二〇二一年，华为建成了自己全球最大的云数据中心——贵安华为云数据中心；同年，华为将自主研发的欧拉开源操作系统捐赠给了开放原子开源基金会；二〇二三年，华为发布了自主研发的超级人工智能大模型——华为云盘古大模型3.0……而其中最重要的，当然要数华为在芯片自主研发和生产上的突破。

有道是，兵来将挡，水来土掩。华为从诞生那天起，就是一只烧不死的"火凤凰"。尤其是在鹰鹫舞爪、虎狼环伺的时刻，中华民族自古以来那种上下一心的向心力与爱国、强国的精神，在华为人身上空前地被激发出来。有了这种向心力和爱国、强国的精神，并且有一个伟大的国家做坚强的后盾，有十四亿人民作为自己的"亲友团"，还有什么艰难险阻和重重围困不能冲破呢？

"大雪压青松，青松挺且直。要知松高洁，待到雪化时。"这是新中国开国元帅陈毅的豪迈诗句。突破了万千重围的任正非和华为人，想必心中也有如此豪迈的情怀与感慨吧？

科技强国梦

如今的华为，已经成为中国科技企业一面闪亮的旗帜。回望任正非和华为走过的道路，不难发现，任正非和华为的奋斗史，也正是整个中国在"科技强国"这条艰辛而漫长的求索路上的一个缩影。

任正非是一位志存高远的商业思想家、商业战略家，为祖国科技振兴而努力奋斗，是他心中的大志和一直追寻的梦想。

在当代企业家里，他是少有的参加过一九七八年全国科学大会的人。从那时起，科技报国、科技强国的梦想，就在他的心中生根发芽了。

科技的发展离不开资金的投入。任正非多次

公开表示：每年至少拿出公司收入的百分之十用于技术研发。这是什么概念呢？据华为二〇二三年年报披露，华为近十年累计投入研发的资金超过一万一千一百亿元，二〇二三年研发投入一千六百四十七亿元，占全年收入的百分之二十三点四，当之无愧地成为中国科研投入最多的公司，据某外国媒体报道，这样惊人的投入在世界五百强公司中也排名第五。

科技的发展也离不开人才。华为从世界各地招徕优秀的科研人员，给予他们优厚的待遇，广阔的发展空间。

任正非多次对华为的技术人员说："我爱跟大家讲贝尔实验室的科学家，他们的忘我奋斗精神是令人敬佩的。我以前还看过一部关于获得诺贝尔奖的科学家的故事片，在故事片里，他们像'科学疯子'一样，到处'胡说八道'，忙忙碌碌，走到哪儿就画到哪儿，并不考虑衬衣上不能写公式，不能做实验记录。"

"不疯魔，不成活。"任正非认为，华为需要更多的"科研疯子"。他也多次以中国科学家的故事为例子，勉励大家专心做科研。比如"两弹一星"是怎样做出来的；袁隆平院士为什么从年轻的时候起，直到年老了，还依然愿意守望在稻田里，披星戴月，像个老农民一样；大庆油田的"新时期铁人"王启民，苦苦探索了二三十年的分层注水、压裂等技术，使大庆的稳产高产成为世界奇迹……没有一种"忘我"的、"疯魔"般的精神，能行吗？

任正非还讲过一个小故事：华为在俄罗斯设立的一个研发中心有一位天才数学家，是一个年轻的小伙子。小伙子来公司十几年，在外人看来天天玩电脑，不知道在做什么。华为的管理人员去俄罗斯看他，他也就打个招呼，说一两句话，甚至在任正非给他颁发"院士"奖章的时候，也只说："嗯，嗯，嗯。"但就是这位不善言辞、默默无闻的小伙子，有一天却石破天惊地突破了从2G到3G的算法，帮助华为在3G通信市场站稳了脚跟。

华为能在5G通信技术上领先世界也同样离不开对科学技术的重视。早在二〇〇九年，3G技术才开始在国内普及，华为就开始了5G技术的研

科技强国梦

究。同一年，土耳其一位名叫埃尔达尔·阿勒坎的教授发表了一篇关于Polar码（极化码）的数学论文。论文发表之初，并没有溅起多大水花，阿勒坎教授也仍旧默默无闻地做着基础科学研究，甚至从来没有想过给自己的创新申请专利。然而，华为的科学家第一时间发现了这篇论文，很快识别出极化码的潜力，经过数年的努力，在极化码的核心原创技术上取得了突破，将一篇数学论文变成了技术和标准。后来，在5G标准的讨论中，华为的极化码方案力压美国和法国的编码方案，华为由此成为5G标准的主要贡献者和专利权人。

二〇一八年，华为在深圳总部举行了盛大的仪式，表彰阿勒坎教授以及上百位在华为从事基础研究的科学家为人类通信事业做出的贡献。在仪式上，任正非满脸笑容地向阿勒坎教授颁发了由法国巴黎铸币厂设计和精制的奖牌。奖牌上雕刻着胜利女神像，还嵌入了红水晶，寓意"新的通信技术引领时代发展"。迎宾的红毯、经久不息的掌声……无一不体现了华为对科学家们无与伦比的尊重与礼遇。

科技强国梦

除了已有成就的科学家，华为还瞄准了世界各地大学校园的年轻人，掀起了未来科技人才的争夺战。二〇一九年，任正非发起了一项"天才少年计划"，以最高两百万的年薪，从全球招募有能力、有意愿挑战世界级难题的"天才少年"。有人质疑年轻人是否"值"，任正非却豪迈地说："华为公司未来要拖着这个世界往前走，自己创造标准，只要能做到世界最先进，那我们就是标准，别人都会向我们靠拢……这些天才少年就像泥鳅一样，钻活我们的组织，激活我们的队伍。"

二〇一六年五月三十日，任正非在全国科技创新大会上有一段发言，言犹在耳。他说："今天的孩子，就是二三十年后冲锋的博士、硕士、专家、技师、技工、现代农民……他们将代表社会为人类做出贡献。因此，发展科技的唯一出路在教育，也只有教育……"

这段话，也让我们看到一位心怀"国之大者"的科技追梦者的理想与大义。

胸中有大义，肩上有担当，身上才有无穷的力量。"山重水复疑无路,柳暗花明又一村",无论环境如何恶劣,都无法阻挡任正非和战友们勇往直前的脚步,更无法改变中国的科技革命和中华民族伟大复兴的历史潮流。

任正非和华为用自己的实绩,向全世界证明了这一点。

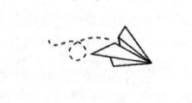

大梦想与小故事

真正胸怀大志的人,从来都是脚踏实地,从小事做起的。任正非不是"空想家",而是一位"实干家"。他在心里想到的事情,一般都会落实到具体的行动上。

任正非多次表示,华为的理想是"为全人类服务"。仔细梳理他的奋斗故事,我们会发现,他的心里有大义、有大目标,一直在为国家、为社会、为更多人的美好生活而努力,但他也从来"不因事小而不为"。他像世界上许多胸怀博大的人一样,总是从细微的小事做起,在小事中体现出一种博大的、默默无声的爱。

坊间流传的关于任正非的这类小故事有很多。

这些小故事是温暖的，也是富有励志意味的，小故事里蕴含着大爱和大道理。

有个小故事是这样的：有一次，任正非路过华为的一个实验室，发现有一名年轻的工程师正在里面玩电脑。任正非驻足了片刻，然后笑着问他："你用这个电脑，卡不卡？"

那名工程师抬头看了一眼任正非，一点儿也不客气地说道："任总，这儿是公司研发重地，请您离开。"

被这名工程师"请"出去之后，任正非什么也没说，第二天还把这名工程师表扬了一番。这是因为，华为有一条严格的规定：任何人未经允许，不能进入实验室。注意，是"任何人"！

还有个小故事，要从一张照片说起：照片上，已经年过七旬的任正非，一个人深夜站在机场的摆渡车上，一只手抓着车上的拉手，一只手拉着行李箱。除此之外，还有人也拍到过任正非在机场独自排队等出租车的照片。

要知道，任正非是一位在全世界赫赫有名的企业家和商业领袖，是一位真正的"大老板"呢！

但是在华为，他明文规定，不为自己配专车。

他跟人算过一笔账：如果他配上专车，那么，整个华为公司有三万名干部都应该配上专车。这样一来，公司得多配三万辆专车和三万名专车司机。

毫无疑问，这是一笔不小的开支。关键是，这笔开支不会为华为产生价值，更不会给客户带来效益，所以任正非以身作则，决定不为自己配专车。

但是这绝不意味着，他对公司的干部、员工有多苛刻。根据最近公布的数据，华为二〇二三年年终奖金额达到七百七十亿元，惠及超过十四万员工，人均高达五十四万元。

还有一件小事很能说明问题：有一次，任正非在办公室里忽然发现，自己坐的一张真皮座椅很是舒服。他当即要求行政部门，给每一名科技研发人员都配上一张同样的真皮座椅。因为他知道，这些科技研发人员，都是长时间坐着办公的，有一把舒服的椅子，也许能让他们有更好的工作状态。

另外还有一个小故事，与一把空椅子有关。

华为开高管会议时，会场上始终放着一把空椅子，旁边还放着一杯水。这是为什么呢？

任正非跟大家说:"你们的眼睛要盯着客户,屁股可以对着我。我不是华为董事长,董事长是我们的客户,我们讨论的所有问题,做出的所有决策,一定要想想客户同意不同意。"在任正非的推动下,华为人已经把"以客户为中心"当作一种信仰,这也是华为能够成功的法宝之一。

故事虽小,但滴水观海。在任正非的头脑里,放在最重要位置的,一定是国家,是社会,是客户,是员工,是企业的规则与发展。放在最后的,才是他个人。

谁能说,这些小事里没有"大义"在呢?

有个著名的研究机构认为,任正非和华为带给大众的,也许不仅仅是世界领先的通信技术,也不仅仅是华为这样一家让中国人自豪的科技企业,他们带给普通人两样最有价值的东西。一是一种永不言败、永远打不垮的顽强精神——这其实也是我们中华民族生生不息、历尽苦难而又能够浴火重生的伟大的民族精神。在这一点上,美国《时代》周刊也称赞,任正非是一位为了理想而战斗的硬汉。二是任正非带领华为探索出来的中华文化风骨与西方科学管理融合在一起的华为的企业之道，这份企业之道的底蕴，是一个顶天立地的中华男儿赤诚的家国情怀，因此，他的格局、他的意志、他的贡献、他的管理智慧，都让世界刮目相看。这份企业之道，影响和滋养着众多的中国企业，也增强了中华儿女的创造自信、科技自信和文化自信。

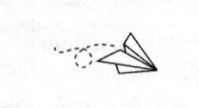

高亢的战歌

天狼星,原本是茫茫夜空中位于西北方向的一颗最亮的恒星。在中国古老的星象学里,天狼星属于二十八星宿的"井宿",被认为是一颗"主侵掠"的"恶星"。

我们的祖先,把同属于"井宿"的船尾星座、大犬星座的部分星星连在一起,想象成一张横跨在天际的大弓,大弓上的箭头,正对着那颗仿佛蠢蠢欲动的天狼星。宋代文学家苏轼《江城子·密州出猎》里的名句"会挽雕弓如满月,西北望,射天狼",用的就是这个典故。

在这颗"主侵掠"的"恶星"之下,中华民族数千年来居安思危、枕戈待旦,虽然饱受挫折,却坚忍不拔、自强不息，一次次浴火重生，巍然屹立在世界东方。

中华民族是一个与人为善、热爱和平的民族，但是，来之不易的和平，需要一代代人付出智慧、力量，甚至生命来守护。

身处天狼星下，遥望茫茫天际，你可曾听见那些响彻大地的奔马蹄声？你可曾看见狼烟滚滚之中，那些饮马瀚海、封狼居胥的猎猎战旗？

有一首名为《中国男儿》的老歌，诞生于二十世纪初。当时，积贫积弱的中华民族，正处在帝国主义列强可以任意宰割和欺侮的黑暗之中，一些满怀救国救民理想的热血青年和有志之士，在痛苦中觉醒，开始了漫漫长夜里的艰难探索。

《中国男儿》，抒写的就是这一代青年志士的慷慨心声：

中国男儿，中国男儿，
要将只手撑天空。
睡狮千年，睡狮千年，
一夫振臂万夫雄。

长江大河，亚洲之东，
峨峨昆仑，翼翼长城，
天府之国，取多用宏，
黄帝之胄神明种。
风虎云龙，万国来同，
天之骄子吾纵横。

中国男儿，中国男儿，
要将只手撑天空。
睡狮千年，睡狮千年，
一夫振臂万夫雄。
我有宝刀，慷慨从戎，
击楫中流，泱泱大风，
决胜疆场，气贯长虹，
古今多少奇丈夫。
碎首黄尘，燕然勒功，
至今热血犹殷红。

这首诞生在一百多年前的老歌，今天唱来仍然让人豪情奔涌、热血沸腾。歌曲抒发和咏赞的那种

"决胜疆场,气贯长虹""碎首黄尘,燕然勒功"的英雄气概,以及"天之骄子吾纵横""至今热血犹殷红"的壮志豪情,与任正非一直在华为倡导的坚忍不拔、自强不息、勇往直前的奋斗精神,是十分契合的;或者说,华为坚忍不拔、自强不息的奋斗精神,不正是《中国男儿》一百多年后的回响吗?

网上有一个流传很广的视频:召开重要会议前,华为的干部带头齐声高唱这首豪迈的"战歌",以此激励全体华为人自强不息、为国争光的斗志。而伴随着这首豪迈的战歌慷慨"出征"的,是华为一代代永不言败、奋勇向前的"英雄儿女",是一支支"除了胜利,别无退路"的"华为军团"。

二〇二一年,华为在松山湖园区举行了"军团组建成立大会",不仅向全世界展示了华为"五大军团"的精神风貌,同时也让全世界看到了华为人不畏任何艰难,敢于斗争,也敢于胜利的强大意志和必胜信心!

在"军团组建成立大会"上,所有在国内的华为核心高管悉数到场,共同为新组建的"煤矿军团""智慧公路军团""海关和港口军团""智能光伏军团"和"数据中心能源军团"的将士加油鼓劲。各个军团的代表们集结完毕后，在庄严、豪迈的气氛中，分别接受了公司授予的象征着胜利的旗帜。

七十七岁的华为创始人任正非，用一番慷慨的演讲，为军团的儿女们擂响了战鼓。他说："和平是打出来的，我们要用艰苦奋斗、英勇牺牲，打出一个未来三十年的和平环境，让任何人都不敢再欺负我们！我们在为自己，也在为国家。为国舍命，日月同光，凤凰涅槃，人天共仰。历史会记住你们的，等我们同饮庆功酒那一天，于无声处听惊雷。"

"没有退路就是胜利之路！"这位年近八十的老兵，就像一匹怀念战场、渴望出征的老战马一样，仰天长啸，耳边回响着冰河夜渡的嗒嗒的战马蹄声……

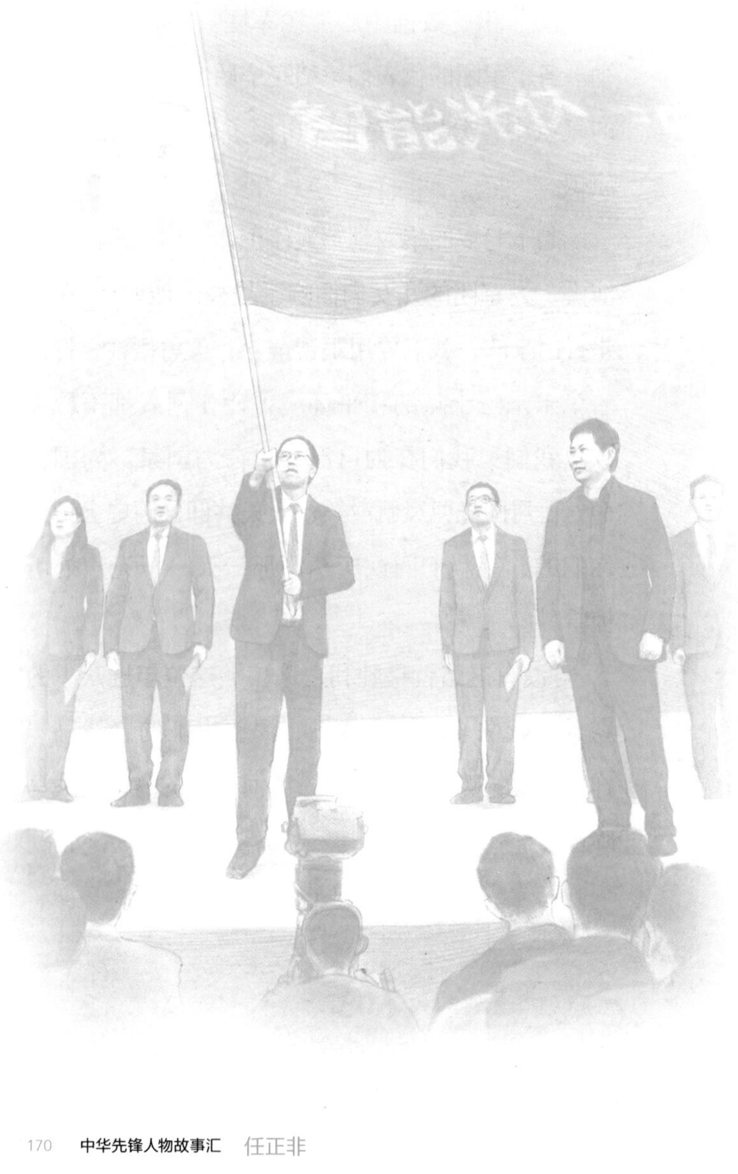

轻舟已过万重山

早春时节,在细细密密的春雨中,如果你去青翠的竹林里仔细观察,会发现一个奇特的景观:应和着天边滚过的隆隆的春雷,青青的竹林正在迎来生机勃勃的爆笋时节。

竹林爆笋,那真是一种令人震撼的自然景象和生命奇观!

经过了一个漫长的冬天的默默积蓄,泥土下的幼笋已经具备了足够的破土而出的力量。伴随着淅沥的春雨,迎着和煦的东风,应和着隆隆的春雷的呼唤,一株株幼笋,仿佛在瞬间爆发出了一股伟力,奋力拱开在泥土和腐叶下纠结交错的竹鞭,哗的一声顶开了压在地面上的巨大顽石。一株株幼笋，是一种旺盛的生命力的爆发。它们从厚积的枯叶和泥土下脱颖而出，在一瞬间，似乎只有一个念头、一个目标：冲破束缚自己的狭窄箨壳和箨衣，扩展开翅羽状的枝叶，向上，向上，再向上……这种生命状态，仅仅用"生长"二字来形容，显然已经不准确了，它们分明更像是在裂变，在升腾，在飞翔！

二〇二三年，在低谷中奋力抗争的华为，也像积蓄了足够力量的春笋一样，哗的一声顶开了压在地面上的巨大顽石，破土而出了！也有人形容说，华为是奋力劈开了压在头顶的"五指山"，腾跃而起，飞向了高远和辽阔的天空……

八月二十九日，没有任何预热，也没有广告宣传，华为突然发售了一款全新的旗舰型手机——Mate60 Pro，手机刚上线不久就销售一空，可以说"一机难求"。

这款手机的问世，不啻一枚横空出世的小型"炸弹"。一款小小的新手机，怎么会吸引全世界的目光，产生如此巨大的影响呢？

原来，这是一款完全由中国企业独立生产的手机，并且搭载了比较先进的芯片。华为这款新手机的问世，意味着中国在芯片技术领域，取得了实质性的突破，同时也是对此前所有对华为断供的公司的一个有力回应。

华为是怎样做到的呢？美国、日本、荷兰等国的公司，纷纷对这款手机进行了拆解和检验。他们不相信华为已经拥有了自己的高端芯片技术。

然而，拆解的结果让所有人大感震惊：芯片上赫然印着两个字母——CN——中国制造！进一步检验之后，他们确定，这是新型的"麒麟9000S"5G芯片，采用的是7纳米工艺。对此，外国同行评价：华为Mate60系列是一款令人意外的特殊手机，它的到来首先就让人感到意外。而我们自己的媒体，则把华为Mate60系列叫作"争气机"。

我们都知道，中国近些年来飞速发展，不断取得的重大科技成果，经常会用中华传统文化的一些元素来命名。比如让中华儿女感到无比自豪的航天和宇宙探索成果，是以"嫦娥""玉兔""天宫""祝融"等传统神话元素命名的；我们在量子技术领域取得的骄人成果,是以中国古代科学家的名字命名的,如"墨子号""祖冲之号"等。

华为对自己的一系列科技研发成果,也选取了中华传统文化的元素来命名,如"麒麟"芯片、"鲲鹏"芯片、"鸿蒙"系统、"玄武"架构、"盘古"大模型、"昆仑"玻璃……还有华为规划中的一些产品,如"凤凰""紫龙""朱雀""白虎""鸿鹄""张衡""紫微星"等,从神兽、神话、历史,到天地山海、日月星辰,充满了浓浓的中国风。

中华民族生生不息、绵延发展、浴火重生的伟大精神,离不开中华文化的有力支撑。选取中国独有的传统神话元素来命名这些科技产品,不仅赋予它们一种浓郁的人文气息,更重要的是,这些名称里也传递着中华文化独一无二的理念、智慧和神韵,增添了中华儿女内心深处的自信与自豪。

所以,当你理解了这些之后,才会感到,拿在你手里的华为手机,已经不仅仅是一款手机那么简单了。

作为商业战略家的任正非,从少年时代就熟读毛泽东主席的诗句"宜将剩勇追穷寇,不可沽名学霸王",他的目光和脚步,永远在更远的远方。

于是我们看到,华为在突破重围后,清醒地意识到,仅仅固守在手机和通信业务是不够的,还必须尽快开拓更多的新兴领域。任正非带领华为乘胜追击,在汽车、医疗、教育、金融等多个领域都做了布局,与各行各业展开合作,为他们提供解决方案和技术服务;此外,在人工智能、物联网、云计算、大数据等新兴技术领域,华为也没有缺席,积极地为未来的创新和发展做周密的部署。

胜利的成果来之不易,但胜利的成果又是实实在在的。华为的手机出货量,从二〇二二年的两千六百万部,上涨到二〇二三年的三千四百万部(TechInsights数据),华为重新回到了世界前十,而且出货量还在继续增长。而根据Counterpoint Research数据显示,在二〇二三年全球高端手机市场中,华为以百分之五的市场份额位列全球第三。华为正在重返5G手机市场,重新夺回自己的市场份额。华为的5G设备开始在欧洲市场重新得到认可。不仅欧盟邀请华为加入其下一代通信技术的研究和创新计划,德国等国家也表示支持华为的

5G设备，认为华为的技术是安全和可靠的。华为还帮助欧洲建成了首个5G集装箱码头，展示了其5G技术的优势和应用……二〇二四年三月，华为宣布：比5G速度提升十倍的5.5G将在二〇二四年实现商用！

早在二十年前，任正非就对进入华为的年轻人讲过这样一番推心置腹的话："我们的劳动不仅改变了人们的生活，促进了人们的沟通，而且也一天天地充实着我们自己，丰富着我们家人的生活，还在一年一年地改变着我们自己的生活。我们在分享劳动成果的同时，又增加了对未来的憧憬……"

多么朴素和真诚的话语啊！任正非说这番话时，也许还没有想到，有一天，华为能够成为全球领先的科技公司。但是，有一点他是明白的，那就是：一代一代的华为人，就像所有的中华儿女一样，必定是心中有爱、心怀梦想的人。他们对祖国、对家人、对客户、对生活、对未来……满怀热爱；他们敢于奔赴梦想，也敢于奔赴任何一片严酷的战场和阵地，更敢于从一场胜利奔赴另一场胜利!

华为Mate60 Pro的横空出世,也让我们对中国未来的通信技术充满更高的期待。一个属于中国,也属于全人类的从5G网络到5.5G网络的新时代,已经悄然来到人们身边。

毫无疑问,华为的"绝地反击"和成功"逆袭",是一个"狭路相逢勇者胜"、充满艰辛和挑战的故事。烧不死的鸟终成凤凰,华为用自己的实力和创新,向全世界展示了中国的科技实力和创新能力!

这正是:"朝辞白帝彩云间,千里江陵一日还。两岸猿声啼不住,轻舟已过万重山。"